光文社知恵の森文庫

大草直子

毎朝1分で服を選べる人になる 48のルール

『毎朝3分で服を選べる人になる』改題

光文社

本書は『毎朝3分で服を選べる人になる』（2018年1月光文社）を改題、加筆・修正したものです。

はじめに

選ぶのに時間がかかった服は、きっと必要ない

37歳のときに、最初の書籍『おしゃれの手抜き』（講談社）を執筆し、8年が経《た》ちました。30代だった私は、40代、しかも半ばにさしかかり、その間のおしゃれのルールやレシピも、少しずつ変化し、さらに確たるものになりました。

この8年という時間の流れは、ただの8年ではありません。はっきりと人生の季節が変化したのです。

キラキラとした夏の終わりから、豊かで深い秋の始まり。このシーズンとシーズンの間、私は悩み、迷いました。着る服、選ぶ服すべてが似合わなくなった気がして、毎日のスタイリングに、とにかく時間がかかりました。「服はたくさんあふれているのに、その日着る服が見当たらない」のです。この状況は、もしかしたら、どんな年齢の人にとっても永遠の悩みであり、一生の課題なのかもしれ

ません。

おしゃれをすること、服を着ることが楽しくて楽しくてしょうがなかった時代もあったのに。この状況はとても悲しく、ストレスフルです。

この本では、私のたくさんの経験と、膨大な時間とお金をかけて試行錯誤をした後の、ルールやメッセージを書きました。

忙しい私たちが、とにかくすぐに、理想を言えば毎朝1分で「その日のスタイリング」を決められるように。残った時間は、保育園に送っていく前の子どもとのハグに。気持ち良く一日をスタートするために、丁寧に淹《い》れるお茶の時間に、ぜひ使ってください。

おしゃれが、ストレスや重荷といった頭を悩ませるものにならず、とにかく楽しいものになるように――この本がその一助になったら、本当に嬉しいです。

Contents

Part 1 クローゼットがノールールだと、「おしゃれ」も無秩序に

Part 2

「1分で終わる」良いワードローブの揃え方

T-shirt

Part 3 サイズに一喜一憂せず、「服を着る私」を整える

Part 4

「おしゃれをする」ということ、「服を着る」ということ

服には、あなたの「教養」が表れる　146

装丁・本文デザイン/bookwall

Part 1

クローゼットがノールールだと、「おしゃれ」も無秩序に

「服の居場所」を心地よく

新年になるとお財布を新調する——なんていう話をよく聞きます。

お財布は、ひと言で言うと「お金の居場所」。だから、そこを居心地のよいものにしておくことが、お金との縁を上手につなぐことになる、と言うのです。

服についても、同じことが言えます。

「服の居場所」は、クローゼット。この小さな空間に、自分が人からどう見られるのか、どんな印象を与えるのかを左右するものが、ぎゅっと詰まっています。日々のスケジュールや「自分の好きな色や素材」、そして、どんな女性になりたいのかなどを代弁してくれる服の居場所が、汚く乱雑で、不調和なものであってはいけないのです。

ひと目で見渡しやすく、ブラウスやニットがずれたりよれたりしない、もしくは形をいびつなものにしないですむようなツールが揃《そろ》えられていること。さらに、服がお互いケンカすることなく、それぞれが自分の「持ち場」を守っている感じ。そんなクローゼットが理想です。

かくいう私も、クローゼットづくりではこれまで紆余曲折《うよきょくせつ》を経てきました。

14歳の頃、自分だけの洋服の空間として最初に与えられたのも、箪笥《たんす》ではなくクローゼットでした。ごくベーシックな建売の一戸建ての、初めて持った自室についていたのが、クローゼットだったのです。

1間強（1間＝約1・8メートル）くらいの大きさの、いたって普通のものでした。

学生の頃は、手持ちの服の数もごくわずかだったので、そのサイズでもまったく困ることはありませんでした。でも、大学を卒業して入社した出版社で、『ヴァンテーヌ』という雑誌の編集部（現在は休刊）に配属されてからは、ジャケットやワンピースなど、社会人として必要なものも増え、それなりに上質なアイテムも所有するようになりました。そうして、とたんに物があふれるようになったのです。

とはいえ、アイテムが増えるに任せたきり、とくに細かく見直したり、「大改革」を起こしたりするようなことはありませんでした。

よくクリーニング店で、黒のプラスチックハンガーか、ブルーや白のワイヤーハンガーをもらうことがありますよね。そうしたハンガーに、イタリアンブランドのツイードジャケットや、清水の舞台から飛び降りる気持ちで買ったムートンのコートなどを掛けて、平然と収納していました。

すると、どんなことが起きたでしょう？

ショルダーラインが女性らしい、柔らかなツイードのジャケットには、着る段になると肩山にくっきりとハンガーの跡がつき、ムートンのコートに至っては、夏の間に青くかびてしまうという騒ぎに。

その頃『ヴァンテーヌ』では、まさに収納の特集を組むことがあり、自分自身の暮らしを省みて「これではいけない！」と、慌てて努力を始めるということもありました。

とはいえ、しょせん付け焼き刃です。真冬のコートは不織布のガーメントケースに掛けて別の場所にしまったりと、私なりに頑張りましたが、まったくの無秩序でした。

ハンガーを統一する、アイテム別に並べるなどするわけもなく、というよりも、それができるほどワードローブ自体にルールがありませんでした。

色だって、バラバラです。素材にもデザインにもまったく共通点がなく、コーディネートのバリエーションも驚くほど少なかったのでしょう。

クローゼットの未完成さをはっきりと示すように、当時の写真に写る私のスタイルはあやふやで、確かな自信を持つにはほど遠く、表情はいつも不安げでした。

30代、真剣に取り組んだクローゼット改革

その後、何度かの引っ越しや、最初の結婚、離婚、再婚を経て、ある程度の完成を見たのが、30代半ばで引っ越した自宅のクローゼットでした。

実家のクローゼットよりもさらに小さく、1間ほど。「イマドキの家」にしては、とても小さかったと思います。仕事部屋のさらに小さな収納と、納戸のようなスペースを駆使して、四季のすべての服をしまっていました。

ちょうど『ヴァンテーヌ』編集部を辞め、フリーランスのスタイリストとしてたくさんの雑誌を担当していた頃で、仕事は多忙を極めていました。幼い子どもも2人抱えていたので、とにかく時間がありません。

とくに朝は、1分たりとも無駄にできません。長いあいだ、座って朝食をとったことがないほどでした。

ただし、家を一歩出ると、多くの女性誌で仕事をさせていただいているスタイリストの姿にならなくてはいけません。着ている服に迷いがあってはならないのです。

そこで思い切って、ワードローブにはっきりとした規則を持たせることにしたのです。

ルールづくりの第一歩は、まずは色からです。1年を通して、土台にする色をグレーにすることを決めました。私にとってグレーは、自分の肌の色にも髪の色にも、そして気持ちにもフィットしてくれる色だから。

サブカラーはネイビーと、「砂色」と言われる赤みや黄みのないベージュ。

差し色は、ヘルシーで華やかなテラコッタカラー。夏は黒を着ることも多いけれど、ほかの3シーズンは私の焼けた肌をくすませるから、ノーブラックです。

毎日のスタイリングの時間を節約したいので、目をつぶってクローゼットを開け、たとえばニットとパンツを手に取っても、問題なくマッチするようにしたのです。

こうして自分の色を決めたあとは、アイテムごとに分類。さらにそのアイテムも、丈ごとやデザインごとなど、クローゼットに並べるようにしました。ショート丈のものは手前に、長い丈のものは奥のほうに。カラーアイテムとベーシックカラーも分けておく。そうすると、ぱっと一目で全体が確認しやすくなります。

ハンガーも同じブランドのものに統一。すると、ハンガーからつるりと滑り落ちて、シワになったシルクのブラウスにアイロンをかける……なんていう余分な時間がゼロになりました。取り出してすぐに着られるように——服の状態を整えておくことを心がけたのです。

もちろん、春夏秋冬、すべてのアイテムをここには置けないので、クローゼットの中は2か月ごとに入れ替えをします。つまり世に言う「衣替え」を、年に6回もやるようになりました。

年に何度も衣替えをするのは、面倒くさく思えるかもしれませんが、毎日のストレスや無駄な時間がぐっと減り、長いスパンで見ればとても効率が良いのです。

細かなルールは、著書『おしゃれの手抜き』に詳しく書いてありますので割愛しますが、限られたスペースで行う日々のコーディネートは、多くの気づきと実りをもたらしてくれました。

それなりの「きまりごと」が静かに支配するクローゼットは、大げさでなく、日常の小さなストレスを軽くしてくれました。そして、さらにそこから生まれたスタイルは、当時の年齢なりの完成を見て「MY STYLE」となったのです。

最初の著書が誕生したのも、この小さな、けれども大好きなクローゼットのおかげでした。

40代、身体が変われば クローゼットも変わる

けれど、40歳を過ぎた頃、この愛すべきスペースが、ストレスを生む場所にな

りました。その頃、私のワードローブは大きな転換期を迎えていたのです。

その要因は3つ。

1つ目は、年齢に起因するものです。

サイズは変わらないながらも、身体のラインが甘くなり、シルエットがゆるやかになりました。一方で、首やデコルテは肉が削《そ》げてくる。もちろん傍目《はため》からすれば微《かす》かな違いではありますが、自分の感覚では大違いです。

いつのまにか、それまでのバランスとはまったく違う私になっていました。

一生を四季にたとえるなら、9月の頃でしょうか。

まだまだ夏の名残《なごり》はそこかしこにありながらも、暦の上でも空気の匂いからも、はっきりと秋に移り変わった頃のイメージです。何を選ぶかも難しいし、何を着ても似合わない。毎日のコーディネートにも、とにかく時間がかかる。

でも当然です。私自身の季節が移ったのですから。色や素材、シルエットなど、それまでと同じで良いわけがないのです。

今までの相棒だったグレーのトーンを上げてみたり、パンツが多かったところを、スカートに変えてみたり。一度築き上げたスタイルを見失うことが、こんなにもつらいことかを、痛感した時期でもありました。

そして2つ目。

長い間、フリーランスのスタイリストとして仕事をしてきましたが、初めて肩書をいただいたのも、このタイミングでした。『DRESS（ドレス）』（現在は休刊）という新創刊のファッション誌に携わることになり、責任あるポジションをいただいたのです。

名刺に「ファッションディレクター」と刷られ、会う人が替わり、仕事の責任も増え、それに伴い着るものも大きく変わりました。

それまではほとんど必要のなかったフォーマルなワンピースや、かっちりとしたジャケット、「ファッションディレクター」としての威厳を出してくれるようなブランドの服などを、意識して揃えるようになったのです。

3つ目は、デザインの仕事が増えたことです。

それまではただ自分が着るためだけの服、あるいは人に着てもらうための服を選ぶだけの仕事でしたが、アパレルブランドとのコラボレーション企画が増え、服を一からクリエイトするようになりました。たとえば2017年の秋には、百貨店の髙島屋とコラボレートして、カシミヤのニットの商品開発に携わりました。

と言っても、私は服づくりのプロではないので、デザインを描いたり、パターンを引いたりすることはできません。どんな服ならそのブランドのお客様に気に入ってもらえるのかは、ブランドの商品をたくさん着て、実際に体験することで体得しました。必然的に、その研究のためにいろいろ買い足して、試さなくてはなりません。

そう、これら3つの理由から、せっかく30代で体系立てたクローゼットの中で、私の服の数は「爆発的に」増えてしまったのです。

クローゼットの無秩序は、そのままあなたの第一印象になる

2か月ごとに行っていた衣替えは、いつしか1か月ごとに頻度を増やさざるを得なくなりました。そうしないと、もうニットやパンツが、大好きな小さな場所には入りきらなくなったのです。

それなのに思いきりが悪いことに、まだまだ30代のときのスタイルを捨てきれず、お気に入りのものに執着していました。

これも季節でたとえれば、人生の「夏の服」と、慌てて揃えた「秋の服」が混在している状態。まさにカオスです。以前ならクローゼットの右端にあるトップスと、左端のボトムスを何の気なしに手に取っても、すっと手を取り合ってくれたのに、お互いがそっぽを向いてしまいます。

そのときの私は、着ている服が自分になじんでいなくて、私と選んだ服のキャ

ラクターはちぐはぐ、メイクやヘアスタイルも、どう見ても中途半端。ストレスフルなクローゼットは、持ち主である私の、名刺代わりでもある「スタイル」にケチをつけ始めたのでした。

そこで、再び行った大改革。

次に手に入れたクローゼットは、スタイリストとしての私の人生にとって、公私を支えてくれるものになりました。

これは何も、ファッションを生業《なりわい》にしている私だけの特別なエピソードではないでしょう。ファッションに携わる人はもちろん、毎日「服を選び続け」「着続けなくてはならない」すべての女性にとって、クローゼットをどうするかは、自分のスタイルをどうするか——ということと同じです。

乱暴に扉を開け閉めされる、ちらかったクローゼットは、そのままその人のおしゃれの印象につながります。整頓されていない軽んじられたクローゼットももちろん、間違いなく持ち主に、そのイメージを手渡すのです。

たくさん失敗し、たくさんお金もかけた私だからこそたどり着いた理想のクローゼットのつくり方を、具体的にご紹介しますね。

Rule 01

ハンガーは同じブランドで統一

クローゼットの大きさは、人それぞれです。どんな生活を送っているのか、毎月おしゃれにかけられるバジェットはいくらなのか――によっても、まったく違います。

収納場所のサイズを言い訳にすると、きりがありません。

そこでまずは、ハンガーを替えてみることから始めましょう。

クローゼットの中を見渡してみて、統一感のないハンガーを、思い切って処分しましょう。プラスチック製やワイヤーハンガーや、もしかしたら木製のものまであるかもしれません。ちょっともったいない気がするかもしれませんが、とくに思い入れのないものとは、思い切ってさよならするのです。

大切なクローゼットの基礎をつくるものは、良いハンガーです。

私は、ドイツの「マワ」というブランドのものを長年使っていますが、1センチ程度の薄さのため、服の広がりが抑えられ、これだけでかなりの省スペースになります。クリップのついたボトムス用もあれば、コートなど重めのアウターを掛けても安定するしっかりとしたボディのものもあり、色もサイズもデザインも、種類が豊富です。素材やアイテムによって使い分けたとしても、クローゼットの中には統一感が生まれ、同じ景色になります。

さらに、服が滑り落ちたり、ハンガー同士が引っかかったりすることもなくなるので、服を取り出してから着る、そして出かけるまでの時間がぐっと短縮されるのです。

ハンガーの形がくっきりと出たニットの肩の山や、無雑作に二つ折りにして吊るしていたパンツについたハンガーの線など、着る直前に気がついて「どうしよう」と悩んだりしていませんか。そうした時間が意外と多いことに、気がつくのではないでしょうか。

Rule 02

ハンガーの総数を決めておけば服は増えない

クローゼットの中にスペースができても、そのぶん「服を増やす」のではいけません。服と服との間の心地よい空間は、絶対に確保しなくてはなりません。

次のステップとして、ハンガーの「総数」を決めておきましょう。

1枚買い足したら、同時に1枚処分すること。

そのくらいシビアにならないと、ハンガーを統一してすっきりしたぶん、知らず知らず「空間を埋めよう」として、逆に服がどんどん増え続けることになってしまいます。それでは意味がありません。

ちなみに2シーズン続けて着なかった服は、この先も着ない可能性が大です。「ダイエットに成功したら着よう」と思って長年取り置いているような服は、きっとこれから先も、出番は永遠にこないでしょう。

それよりは、自分の体形をきれいに見せてくれる、「今すぐ着られる1着」を探すべきです。

もしも、残しておくかどうか判断が難しい場合は、その服を着て、写真を撮ることをおすすめします。前からだけではなく、サイドや後ろ姿も忘れずに撮りましょう。

似合う／似合わない、サイズがフィットしている／していない……といったことは、写真を見ると一目瞭然です。そうして、合わないものから手放すことを考えるのです。

寄付をしたり、友達にあげたり、もしくは買い取ってもらったり――。賢い方法で手放せば、愛着のある服だって、ちゃんと有意義なセカンドライフを始められるのです。

Rule
03
クローゼットの近くに置くもの①
小さなラックを1つ買おう

大げさなものでなくてかまいません。小さなラックを1つ手に入れましょう。最近では通販雑誌やオンライン通販でも、すぐに見つけられるようになりました。コンパクトなタイプのものを、部屋の片隅に。私が愛用しているラックは、ずいぶん前に、通販サイトのディノスで4000円くらいで買ったものです。

そして、天気予報や1日の予定、憂鬱《ゆううつ》な仕事があったり楽しみにしている飲み会があったりといった、気分まで考慮した次の日の服を、前日の夜にラックに掛けておくのです。つまり、朝すぐに服が決まるように、リラックスしている夜のうちにおおかたスタイリングを整えておくのです。

シワは目立たない？　アイテム同士の色や素材はマッチしている？　丈のバランスは大丈夫？　また、ボタンの欠けや裾《すそ》のほつれなどのディテールにも、あらかじめ目を配ることができます。

私たちスタイリストは、雑誌やテレビ番組のためにコーディネートをするとき、必ずこうしたやり方で全体をチェックします。より丁寧にやるときは、床の上に布を敷いて、そこに服を「まるで誰かが着ているバランス」で並べることもあります。みなさんの日常生活ではここまでしなくても良いですが、ラックに掛けるだけで、選んだその服たちが人に与える印象を客観的に見ることができるのです。

ぱっと見て「黒が多すぎるな」と感じたなら、ヘアはコンパクトにまとめて、全体的な「黒の量」を調整しましょう。全体的にマットな質感になったなら、バッグと靴はエナメル素材にして、光沢を足そう。そんな「足し算／引き算」が、一目瞭然なのです。

バッグや靴はもちろん、ソックスやタイツ、ストールといったアイテムに至るまで、こうして前日に準備ができていたら、実は朝、出かける前が驚くほど楽になります。いったん着てみたものの、しっくり来なくて脱ぎ着を繰り返す、なんてことがなくなるのです。朝、服のシミに気づいて慌ててコーディネートを変えるようなこともありません。

そして帰宅したら、1日をともに過ごしたジャケットやコートを、一度ラックに掛けて休憩させてあげます。思いがけずついたタバコのにおいなどが、クローゼットの中に充満しないように。目には見えなくても、チリやホコリも付着しています。それらも払って、しっかり休ませる。

このラックを手に入れたことで、出かけるまでの時間がうんと短縮され、服にさらに愛情を持てるようになりました。このことは自分でも驚きでした。

あくまで「小さな」ラックというのがポイントです。3、4着かけられる幅のもので十分。収納用ではなく、客観的に観察し、心の準備をするためのものですから。

Rule 04

クローゼットの近くに置くもの②
人から見られる自分を知るための全身鏡

全身鏡がないと、とても不安になります。

素材やシルエットのマッチングはもちろんですが、遠目から見たときの色のバランスや、近くから見たときの顔周りの華やかさなどを確認できないからです。

クローゼットのそばにはないけれど、玄関には置いてあります！　という方は、細身のもので構わないので、全身鏡をクローゼットのそばにセットしてください。

周りの人から見られているのと同じ視点で、自分自身を確認すること。そのチャンスは、多ければ多いほど良いと思っています。

鏡に映った自分を確認して、客観的に見ること、その姿やイメージを認めること。自分に似合い、コンフォタブルで場面や時間にふさわしい服を選ぶのは、それからです。

鏡を見ることなしに選んだ服に自分を押し込んで、その日、何かのタイミングでショウウィンドーに映った自分にがっかりしないためにも、絶対に鏡は必要なのです。

そして可能なら、その場所で、靴まで一気にコーディネートしてしまうことです。そのためのヒントは、次の項でお教えしますね。

Rule 05
クローゼットの近くに置くもの③ 出番の多い靴3足

朝、着る服は決まったのに、玄関まで行ってから「今日のスタイリングに合わせる靴がない！」と気がつくことはありませんか？　もう家を出なければいけない時間なのに、一からコーディネートをやり直すために、慌ててクローゼットのある部屋と玄関を行ったり来たり……。

朝、なかなかファッションが決まらないから出かけられず、うろうろしてしまうのは、「最後に玄関で決める」靴がフィットしていないから、というケースが多い気がします。言い方を変えれば、アウター、トップス、ボトムスまでは素敵にマッチしているのに、なんだか靴がいまひとつ？　という人が多いのが事実です。

それは、靴までの布帛《ふはく》と靴を、切り離して考えていることが原因です。

ほとんどの人が、靴はエントランスに、服はクローゼットに――と離れた場所に収納していると思います。だから、なのです。クローゼットとエントランスの距離がそのまま、コーディネートのちぐはぐさにつながるのです。

とは言っても、日本人の生活スタイルや収納方法を考えると、靴をすべてクローゼットにしまうことは無理でしょう。

そこで、日常的によく使う靴を3タイプだけ、クローゼットの近くに置いておきましょう。その靴を履いた日は、夜のうちにさっと乾いた布で靴底の汚れを落とし、インテリアにもなる紙製のシューズボックスに戻します。ちなみにこのボックスも、通販のディノスで購入しました。

そうすると毎朝、クローゼットの前に置いた全身鏡の前で、靴まですべて決めてしまえます。

ほんの少しの工夫ですが、アイテムごとのこうしたポジショニングが、朝出かけるまでの一連の流れを確実にスムーズにしてくれるのです。

Rule 06
クローゼットの近くに置くもの④
定番のジュエリーセット

ジュエリーは、服ほど数が多いわけではありませんし、ずいぶんとそのときの気分を映すアイテムでもあるので、日替わりですべてをとっかえひっかえするようなことはありません。

「定番セット」を決めてしまい、毎朝悩まずにすむようにしてしまいましょう。服が決まったら、数秒でアクセサリーをつけて終了です。

私の定番は、左手の薬指につける結婚指輪をベースにした、リング3本のセット。

時計と、そこに重ねる、ここ数年毎日のようにつけている「ハム（hum）」のヴィンテージライクなブレスレット。

さらに、服によっては幅広の「メゾンボワネ」のレザーのブレスレット。

この違いは、至極簡単。春夏はレザー、秋冬は地金のブレスレットと、季節によって使い分けています。

そしてピアスも、そんなに多くありません。だいたい3択ほどに絞っています。フォーマルな場に寄り添い、さらにカジュアルな着こなしのときも顔色を明るく見せてくれる白のパール、夜ドレスアップするときのシャンデリアタイプ、そして、表情を今っぽくしたいときに役立つゴールドのフープ。この3つです。

「しばらくはこのセットで事足りる」ジュエリーたちを、まとめて1つの場所に収納しています。ジュエリーセットの場所も、固定してしまうのです。

私は旅先で買ったシルバーのトレイに、100円ショップで買ったフェルトの端切れを敷いて、その上に保管しています。帰宅すると、必ずそのクローゼット近くの所定の位置でアクセサリーをはずし、朝は同じ場所で、そのままつけて出かければ良いだけです。

基本的に、私はネックレスはつけないので、トレイの中でアイテム同士が絡み合うことも、「あれ、どこにあったっけ?」と行方不明になることもなく、さっとジュエリーコーディネートが完成します。その安心感たるや!

そして、季節が変わったり、心変わりがあったりしたときに、ジュエリーボックスの中にある他の手持ちのものと入れ替えれば良いだけ。

40歳を超えれば、普段のカジュアルにこそ本物のジュエリーが必要です。さらに言えば、「はずし」や「迫力」もジュエリーで——と実感しているので、毎日変わる服に合わせる、というよりはそのときの自分に合わせるイメージです。

おそらく、ファッションアイテムの中で最も「所有数」が少ないジュエリーだからこそ、定番セットを決めておけば良いのです。

Rule
07

使えるのは、アイロンよりもスチーマー

みなさんは、アイロン派？　それともスチーマー派？

私は、仕事柄もありますが、ずいぶん前からスチーマーを愛用しています。

アイロン台を出さなくても良いので、時短にもなって面倒くさくない、という理由もありますが、とにかく仕上がりがきれいなのです。

実はアイロンは、服に押し付けてシワを取るので、人が着たときに自然と生まれる立体感をつぶしてしまいます。あ、もちろん素晴らしい技術を持っている方は別ですが。

シャツはもちろん、ニットもコートもジャケットも。さらに言えば、リネンもシルクもビジュー付きのタイプだって、スチーマー1つで事足ります。

ちなみにシャツは、襟裏、台襟、そして前立ての裏、カフスの裏など、「裏」

のシワを必ず取りましょう。袖をまくったり、襟を立てたり、といった「着方を自由にするため」です。

クリーニングに出すと、大体こうした「裏」の部分に、くっきりと縦の畳みジワができてしまいます。腕のサイドに入った一直線のシワも興ざめなので、ここもオフしましょう。

さらに、ニットの袖部分や、電車などで座ったときにできるコートの裾のシワなど、アイロンだとなかなか取りづらいものも簡単に取れるので、このひと手間がなんだか楽しいくらいです。

サイズが合った服を着ること、場所や目的に沿った服を選ぶことと同じくらい、細部まで手入れの行き届いた服を身に着けることは、「おしゃれをする」ことの第一歩なのです。

Rule 08

ストールは畳まずにハンガーに

ストールがうまく巻けない、どうしてもおしゃれにアレンジできない——というとき。もしかしたらその理由は、ストールのシワにあるのかもしれません。チェックの大判ストールに深く、大きく刻まれたシワを、そのまま背負ってしまっている人や、シルクカシミヤにランダムについたシワを、首元に小さく巻き込んでいる人をよく見かけます。

たとえば、「ジョンストンズ」のカシミヤの大判のストールや、「ファリエロサルティ」のシルクカシミヤのストール。きれいに畳んで、ピリング（生地のヒキツレ）を避けるため、布の袋に入れてしまっているとしたら……？　それはもう逆効果。

私も以前は、そんなふうに収納していました。けれど、毎回スチーマーを当てるのは面倒くさいし、シワを取る時間がなくてストールを巻くことをあきらめることがよくあり、ストレスに。そこで、すべてハンガーに掛けることにしました。カシミヤの大判ストールやシルクツイルのスカーフは、端同士を合わせ、クリップタイプのハンガーで留めるだけ。そして薄手のストールは、通常のハンガーに、まるで首に巻くようにくるくるっと巻きつける。

こうしておくと、クローゼットの奥にしまい込むことなく、ストールやスカーフをきれいにしまうことができます。首まわりがさびしいときにぱっと目につくので登場回数が増え、スタイリングに活用するまでの時間の短縮、さらにストレスのリリースになるのでおすすめです。

Part 2

「1分で終わる」良いワードローブの揃え方

服の振れ幅は「狭く」、奥行きは「深く」

クローゼットを整え、自分を整えたら、次は「1分で終わる」ワードローブのつくり方です。

クローゼットの中にたくさん服が掛かっていても、「その日着る服」がなければ意味がありません。具体的なアイテムの選び方は、この章の後半でじっくりご紹介するとして、ここでは、「1分で終わらない」ワードローブとはどんなものか、考えてみましょう。

ちょうどおしゃれに迷い、まるでトンネルに入り込んでしまったようにつらかった時期、私のクローゼットには、とにかくたくさんのアイテムが並んでいました。これでは、その日のスタイリングがすぐに決まるわけがありません。

グレー、キャメル、黒、ネイビーと、土台にすべきベーシックカラーが複数あり、差し色にするべき色にも、まとまりがない状態。グラデーションになるわけでも、微差でもなく、とにかく絵の具の箱をひっくり返したように色が「ちらばっていた」のです。

こんな状態では、アイテムとアイテムが仲良く手をつなぐのはなかなか難しい。

さらに、アイテムの「奥行き」もありませんでした。

たとえばジャケットで言えば、テーラードもノーカラーも、それどころかミリタリー風ジャケットまでもが所狭しとクローゼットに収まり、テイストにまとまりがない状態。

スカートも、ペンシルタイプのタイトスカートもあれば、プリントのマキシスカートもあるのだから、スタイリングは決め打ちで各2パターンが良いところ。組み合わせ次第でまったくベクトルの違う着こなしがいくつもできる状態からは、ほど遠かったのです。

「使える」、そして「ストレスのない」クローゼットは、大げさに言えば、目をつぶってトップスとボトムスを手に取っても、その2つが仲良くしてくれるクローゼットです。アイテムや色が、広く浅く存在するのではなく、それぞれに奥行きがあるイメージ。

具体的に言うと、たとえばベーシックカラーはグレーとネイビーの2色に絞る。ブラウンやカーキは、ゼロ。そのグレーとネイビーの色の濃淡が豊かに揃い、素材違いのバリエーションがあるのが理想です。

アイテムも、ミモレ丈（足首とふくらはぎの中間くらいの丈）のスカートならばその中でコットン、リネン、シルクと違う素材を揃える。しかもベーシックカラーも、「差し色」さえも、同じ丈で豊かに揃える――という感じ。

「いつも同じ色ばかり着ているから、違う色に挑戦しよう」

「パンツがほとんどだから、スカートも買わなくちゃ」

なんて、あれこれ思わなくて大丈夫。

色やアイテムがセグメントされて、少しずつ違うものが揃うクローゼットこそ、本当の「時短クローゼット」なのです。

Rule
09

自分の「とびきりアイテム」を見つける

一流のモデルであっても、すべての服やアイテムがおしなべて似合う――ということはありえません。

もし仮に、クローゼットの中に100着の服があったとしたら、どうでしょう。自分を「とびきり素敵に見せてくれる」アイテムは、せいぜい20枚くらいです。

そして100枚のうちの40枚は、絶対に手を出すべきでないもの。残り40枚は、実はトリッキー。「あまり似合わないもの」と「そこそこ似合うもの」が混在しているのです。

自分の絶対アイテムである20枚に出会えた人は、毎日「とびきり似合うもの」を着ているわけですから、「とびきりおしゃれ」になれるでしょう。

一方、着こなしのクオリティにアップダウンがあったり、週の半分くらいは迷いながら服を着ている人は、この40枚の、「悪くはないけれど、ベストではないもの」に手を出していることになります。

昨日はワンピースを着たから、今日はパンツ。そして明日はスカートを着よう。ここ数日ベージュばかりを身に着けているから、たまには明るい色を着なくては……。

こんなふうに、毎日違う自分になろうとしているなら、その状態は要注意です。最初に書いた通り、すべてのアイテムが似合う人はいないし、すべての色を着こなせる人もいないからです。

Part 1のルールでアイテム数をしぼれたら、次にそのクローゼットを眺めてみましょう。

「グレーがかったベージュの服が圧倒的に多いな」

「スカートは数枚で、気がつけばパンツがほとんどだ」

「胸元が広く開いたデザインのトップスが好きみたい」

なんていうルールを見出せた人は、実は「とびきりアイテム」をすでに見つけられた人かもしれません。

それらのアイテムを、まずは自分が飽きないように、そして次はTPOなどの外的な環境にフィットするように、見せ方を変えてコーディネートする力を磨けば良いのです。同じ色の服を選ぶにしても、違う素材のアイテムをたくさん用意する、ジュエリーやメイクで違う印象をつくるなど、工夫の余地はあるのですから。

さて、話を戻しましょう。「とびきりアイテム」の見つけ方。

まず、自分の体形を客観的に観察することが大切です。

首は長いか短いか？　細いのか、がっしりしているのか？

肩幅はどう？　バストの位置は？　横から見たときの姿勢は？

肩甲骨は目立つ？

などと、驚くくらい仔細に自分自身を見つめるのです。

そうして自分をつかんだら、次は、体形が似た「誰か」を探しましょう。

ジェーン・バーキンやケイト・モスのように、少年のような体形に近いのか。

クロエ・セヴィニーみたいに、コンパクトだけれど筋肉質なのか。

それともスカーレット・ヨハンソンのような、丸い肩とグラマラスな身体つきなのか……。

外国人と日本人の違いはあれど、全身のバランスや顔ではなく、あくまでイメージです。

自分と似たタイプの人のイメージをつかんだら、その人の私服やコスチュームを観察しましょう。すると、たとえば華奢《きゃしゃ》な少年体形の人は、かっちりとしたコットンのシャツではなく、シルクのようなとろみのある素材が美しく映えるんだ――などということがわかってくるのです。

もちろん、全身その人にそっくりになるといったことはありえないので、パーツごとに考えれば良いのです。理想やあこがれのイメージを持つことは、おしゃれ上手になるためにとても大切なことです。

Rule 10

私の「とびきりアイテム」

今の、私の「とびきりアイテム」を一部ご紹介しましょう。季節によって違いますが、おしゃれに迷った40代はじめの数年間を経て、新たに加わったものの中には、たとえば黒のモヘアのV開きニットがあります。

これはカシミヤでもウールでもダメで、毛足が長いものに限ります。デコルテが削げ、バストの位置が下がった今の私を、温かく華やかに見せてくれます。

そして、胸ポケットがついたシルクのシャツ。しかも真珠色。

30代後半は、ワードローブに復活させた白のコットンシャツで乗り切りましたが、パリッとした正しい感じが、だんだんしっくりこなくなりました。今はきちっとした感じよりも、柔らかさがないとダメ。私の首元には日焼けの跡（私にとっては勲章?）であるソバカスがたくさんあるのですが、シルクの柔らかさが、ソバカスをぐっとエレガントに見せてくれるのです。真っ白の服だと、逆に顔色をくすませてしまいますから、少し温かなパールのような白がベスト。

ボトムスだと、ミモレ丈のスカートです。膝と足首の間くらい、ふくらはぎの真ん中くらいのレングスです。体育会系のしっかりした脚を生き生きと見せ、スカートを穿《は》いたときの後ろ姿、あとはサイドからの脚のシルエットもバランス良く見せてくれます。

最後は、ストレートデニム。長年ゆったりとしたボーイフレンドタイプを愛用していたけれど、ヒップが丸く厚くなり、重心が下がった今は、もう似合いません。ヒップは適度にタイトで、太ももから足首まで、身体とつかず離れずのラインのものに限ると気づきました。

こんなふうに一つひとつアイテムをセグメントしていくと、買い物もぐっと楽になります。店内のこのコーナーのラックは飛ばしていいな、この色や素材は似合わない――と素早く判断していくことで、「とびきり」を見つけられる可能性がぐんと高まるから。

20枚より少なくて構いません。数枚でも「とびきり」が見つけられたら、あとは数年かけてそのアイテムの奥行きを増やし、着こなしのテクニックを積み重ねていけば良いのです。

Rule 11
「とびきりアイテム」は3年ごとに見直す

せっかく見つけた「とびきりアイテム」であっても、永遠ではありません。ファッションを生業としている私は、真摯《しんし》に誠実に、そして緊張感を持って、ワードローブを半年ごとに見直すことにしています。

でも、そんなに頻繁でなくても大丈夫。体形が変わる、顔立ちが変わる、気分が変わる、もしかしたら環境が変わる——そんなタイミングを考えて、3年くらい経ったらまた見直しましょう。

もちろん、そのまま自分の「とびきりアイテム」として残るものもあれば、まったく違うベクトルのものと交換することもあるでしょう。

一度もスタメン落ちせずに残ったものは、もしかしたら、一生の相棒になるのかもしれません。私にとっては、前項でご紹介したミモレ丈のスカートがそれに当たります。

ニットはクルーネックやVネックなど、その年の流行によって細部のデザインが変わりますが、スカートの丈はもう絶対に変えられない。膝上丈の短めのスカートは、今後一生着ることはないでしょう。

先日思い切って行ったクローゼットの断捨離では、数年前はそればかりを着ていた、ミモレ丈よりも少し短めの膝下5センチ丈のスカートも、すっぱり処分しました。「膝を出さない」ことに変わりはありませんが、年齢を重ねるごとに筋っぽくなってきた私の脚にはなじまなくなったのです。今は、ふくらはぎ半分くらいのレングスがベストです。

こう考えてみると、逆に言えば、早く自分にとってのベストなアイテムを見つけることができれば、あとがとても楽になります。もうベースはあるのだから、一枚一枚、3年ごとに吟味していけば良いのです。

自分を俯瞰《ふかん》して、「そこそこ似合う」や「まあまあ似合う」レベルのものと決別していくのは、ときにつらく寂しい作業ではあります。でも、この経過なくしては、「おしゃれな自分」には一生出会えないと思ったほうが良いでしょう。手持ちの服の表情が少しずつ制限され、アイテムの「人となり」が際立ってくる様子を見るのは、実はとても楽しいということを知ってほしいのです。

次の項からは、ぜひみなさんの「とびきりアイテム」に加えていただきたいものを書いていきますね。

Rule
12
デニムは古くなる。毎年買い替えましょう

カジュアルなシーンで活用するだけでなく、真新しい服を「慣れたふうに」着るために。流行を自分に引き寄せるために。ブランドを強く目立たせないために——。

私たちのおしゃれには、デニムが必要です。

それほど頼りになるデニムですが、元来は金鉱で働く人のための作業着だったので頑丈。なので、長年もちます。ただし、そのデザインはもちろん、加工の仕方、リベットの色、素材も、毎シーズン大きく変わります。そのシーズンの流行が最もはっきり出るアイテムと言っても、過言ではありません。

デニムへの依存度が高い私は、半年に一度買い足します。それほどでもない人は、それでも1年に一度「旬の1本」を手に入れるべき。新しいデニムがあるだ

けで、ベーシックな白いシャツも、もう何年も着ているカシミヤのニットも、母のおさがりのローファーも、とにかく「今のスタイル」に見えるから不思議です。

しかも、ホームクリーニングが可能で、シワにならないから、着る前の手間がゼロ。プレミアムデニム全盛の時代を経て、今のデニムの適正価格は1万円台後半とリーズナブルになりました。

1年間とことん着倒し、洗濯機でがんがん洗う。組み合わせるどんなアイテムも「今」にアップデートしてくれる――。定期的に買い替えたとしても、失敗も少ないですし、決して高い買い物ではないと思うのです。

クローゼットに1本ある、その安心感に投資したいものです。

Rule
13

シルクジャージーのワンピースを1枚

意味もなく不機嫌だったり、家庭の用事でバタバタしていたり、眉がうまく描けなかったり……。さまざまな理由で時間が足りない朝が、1週間に一度はあります。そんな日に限って、昼は撮影や打ち合わせがあり、夜は少し改まったディナーに招待されていたりで、着る服を選ぶのが難しかったり。

このような気持ちが乱れている朝、私が手に取るのは、シルクジャージーのブラックワンピース。ジャージーは、本来下着に使用されていたのを、ココ・シャネルが日常着に採用したというバックグラウンドを持つ素材です。

この素材を選んだポイントは何だと思いますか？

朝から夜まで同じ服を美しく着続けるとき、シーンのスイッチをはっきりと替えたいとき。それを邪魔するのは、シワです。

リネンの服に入る大きなシワは、どことなく色っぽく、肩の力が抜けて好きですが、そもそもリネンは「昼の素材」なので、夜には少し不向きです。

たとえば私は、リネンの服を朝から着て、夜の改まった席にも着て出かけることはありません。深く入るシワは、どうしてもカジュアルというよりはラフな印象になり、相手によっては失礼になってしまうからです。

シーンレスに着たい、と手に取るシルクジャージーは、シワが寄りにくく、違う場面で違う人に会う予定にも、しっかり寄り添ってくれるのです。

ホームクリーニングができるなどの理由で、化繊のジャージーも出ていますが、やはりその上質な光沢やしなやかな素材感、加えて重要なのが深みのある色出しで、シルクジャージーならパーフェクトです。

色は、シワが目立ちにくい、昼にうっかりつけてしまった少々の汚れも沈めてくれる、着る時間を限定しない——ということで「黒」。

私はもう5年ほど、「イヴ・サンローラン」の黒のシルクジャージーのワンピースを愛用しています。

Rule 14 「迷ったとき」は黒のバレエシューズ

朝、子どもが通う学校での用事を済ませ、昼前から仕事の撮影。撮影後は編集部の会議に戻り、夕方はブランドのレセプションに出席、さらに夜はそのまま会食……。たとえばこんなめまぐるしいスケジュールの日には、どんな靴を履けば良いのでしょう?

学校での予定だけなら、黒のパンプスでしょう。撮影だったら、動きやすいスニーカー。レセプションと夕食には、ベルベットのサンダル——といったところでしょうか。

けれど、靴を持ち歩くのは嫌いなので、できれば1足であらゆるシチュエーションに対応できる靴を選びたいところです(そもそも、履き替える時間もないのです)。

1足で朝から晩まで歩き続けなければいけない日にぴったりな靴は、ただ1つ。黒のエナメル素材のバレエシューズです。さらに言うなら、ポインテッドトゥがベスト。

エナメルは昼と夜のドレスコードを満たす素材であること。フォーマル感を備えた黒であること。そして、歩きやすさとエレガントな外見をクリアしたデザイン。ポインテッドトゥであれば、これに脚長効果も期待できます。エナメル加工は耐水性もあるので、多少の雨でも安心です。

その後に考えるのが、全身のスタイリングです。この日のような予定なら、靴を着こなしの起点にし、次に考えるのはボトムス。

たとえば、くるぶしが完全に出るくらいの、グレーの八分丈のパンツ。ストレッチ性のあるサマーウール のような素材なら、シワも気にならず、「真面目さ」「機能」「華やかさ」のすべてが手に入ります。センタープレスと呼ばれるフロントのラインがすっと1本あると、脚がまっすぐ見えるのでさらに良いでしょう。

ボトムスを決めた後は、いよいよトップスです。夏なら、シルクのように見えるレーヨン素材のものなど、とろみのあるブラウス。冬なら、少し透けるような薄手のグレーのカシミヤニットでも。

どちらの季節も、軽い、けれども大ぶりなネックレスをプラスしましょう。アクセサリーは、朝からつけっ放しにするのではなく、必要なタイミングで身につけられるよう、バッグに入れて持ち歩いても良いかもしれません。

バレエシューズが役立つのは、こんなお仕事モードの予定の日だけではありません。もちろん、パリの女の子のような黒のコットンドレス、またはレザージャケットにデニムのようなスタイリングにもフィットします。

つねに一足は持っている黒のバレエシューズ。これまでいろいろ試しましたが、私が今愛用しているのは、フランスのブランド「レペット」のものです。

靴裏がレザー素材のため、足裏に伝わるフィット感が抜群に良く、エナメル素材を長時間履いたときの「ムレ」とも無縁です。横幅が広がるといったような型崩れがほとんどなく、ほど良いトゥの浅さが、素足で履いたときも厚手のタイツのときも、脚を華奢に見せてくれるのです。

Rule
15

バッグはシーズンに3つあればいい

バッグは、そのシーズンの「MY STYLE」を引っ張る、パワフルな小物です。

いつも同じ「高価なブランドバッグ1つ」を持つより、素材もフォルムも、なんだったらプライスも異なる3つを揃えたほうが、シーズン中ずっとおしゃれでいられます。

もちろん、毎回新作を買う必要はありません。

たとえば春夏なら、雑誌が入るくらいの大きなカゴバッグが1つあると便利です。カジュアルなコーディネートにはもちろん、少し「着こなしがキマリすぎたかな」というときの、「はずし」アイテムとして使えます。

2つ目は、ミドルサイズのレザーのバッグ。色は、グレーとベージュの中間のようなトープ色、もしくは明るいネイビーがおすすめです。黒のレザーだと重すぎるので、一見何色と表現しづらいような、曖昧《あいまい》な色が良いでしょう。仕事スタイルや、逆にTシャツにデニムのようなラフなスタイルを格上げするのにぴったりです。

3つ目は、クラッチバッグ。素材はレザーでもラフィア（帽子などに使われるやわらかな植物素材）でも良いでしょう。ワンピースやきれいめの色のスカートに合わせ、ドレスアップしたいときに重宝します。

こうして見てみると、揃えておきたいバッグ3つは、

①「季節らしい」もの
②オフィシャル顔のもの
③非日常に使えるもの

この3つがあれば、シーズンをストレスなく過ごせることがわかります。

これをベースに考えると、秋冬では次のようになります。季節感の出る1つ目のアイテムは、ファーまたはエコファーのバッグ。2つ目は、もしかしたら、春夏のレザーのバッグを持ち越しても良いかもしれません。ファーのバッグが非日常感も出してくれるので、3つ目に追加するとしたら、お気に入りのキャンバスやコットンのバッグ。服の素材自体が重くなり、とにかく「重ねる」おしゃれが多くなってしまうので、それをぐっと軽やかに、さらにカジュアルに見せてくれます。

バッグは高いものにすべての予算を投下するよりも、季節ごとに、方向性の違う3つを持つこと。これが、毎朝バッグに迷わないためのルールです。

Rule 16
プリントの服が1枚あれば、ベーシックカラーがパワフルに

私自身がそうですが、クローゼットの中はおもにベーシックカラー、そう、グレーや黒がとにかく多く目につきます。もちろん、冬だとテラコッタカラーやキャラメル色、夏はサフラン色や焼けたような赤など、私にとっての「効かせ色」は加わってきます。でも、ベースカラーは季節を超えて絶対的なものです。

こうした「ソリッド（solid）」と言われる光沢感のない単色は、「組み合わせ」によって全身のカラリングをつくっていくので、それだけでは大きく印象を変えることができません。ときによっては退屈に見えたり、地味に映ったりしてしまいます。

そこで、プリントの服を1枚持っておくと便利です。単色の服同士をつなぎ、着こなしをリズミカルに、楽しげにしてくれます。

トップスやアウターに柄を取り入れると、個性が強すぎて使いこなしづらいので、プリントもののアイテムにはワンピースやスカートが良いでしょう。さらに自分のベーシックカラーや差し色が含まれているものなら、間違いありません。

重ねるアイテムが少ない〝ワンツー・コーディネート〟が可能な夏は、あまりそんなことも考えず、「好きな色」「好きなプリント」を選んで、毎日のおしゃれにワクワク感をプラスしたいものです。

厚手のものを避け、プリント自体が軽く見える、さらさら、ふわふわと柔らかい薄手のものを選ぶのがコツです。そうすると、夏はもちろん、秋冬はざっくりとしたニットやレザー、厚手のウールを軽快に見せてくれる魔法のアイテムになります。

柄の大きさは、実は、流行と密接に関係しています。ただし流行に関係なく言えるのは、ワンピースなら小さな柄がおすすめ。スカートであれば小柄はもちろん、大きな柄もいいでしょう。

Rule 17

「色に挑戦」したいならボトムスで

イエロー系なら元気に、赤なら華やかに。ピンクは艶《つや》っぽく……。色が着る人の印象に与える影響は、かなり大きい。それが普段は着ない色なら、なおさらです。

20代、30代の頃は、「色を着る」ことが少し気恥ずかしかったのですが、40代になって楽しくなりました。顔や首筋にできた影のおかげかもしれません。色が上滑りせず、きちんと私というキャラクターに「すとんと落ちる」のは、この影というひっかかりがあるからかもしれません。

ただし、気をつけていることもあります。軽い素材のワンピース以外は、「色」はできるだけ顔から遠く——というのが鉄則。トップスではなく、スカートやパンツに色を取り入れることで、その色が顔色や表情、髪色に直接作用することを防げるからです。

グレーに合わせたいなら、グレイッシュなきれい色。たとえばスモーキーピンクやグレイッシュブルーなど。黒やネイビーと合わせるなら、「焼けたような色」。食べ物のたとえで恐縮ですが、とうもろこしのイエロー。生のとうもろこしのフレッシュで鮮やかな黄色ではなく、焼きとうもろこしのような、黒を含んだ色。黄色が深く、強く、少しエスニックな印象がある。そんな色がおすすめです。とうもろこしも、トマトも、ピーマンも。肌が黄みを帯びていて、髪も瞳も黒い日本人には、一度焼いた、深い、重い色のほうが似合います。

トップスにはグレーや黒、オフホワイトなど「いつもの色」。ボトムスに「挑戦したい色」を。そうすると、「素敵ですね」「きれいな色ですね」といった会話がスタートし、いつの間にか褒められた私も、褒めてくれた人も、自分の好きな色の話に夢中になっている。ベーシックカラーだけでは得られない魅力です。

簡単で、自分だけでなく、周りの人の気分も確実に「上がる」色のスタイリングを、ぜひ。

Rule 18

狭間の時期にはレザーのライダースを

日本の四季を愛しています。繊細に季節が移り変わる、その手触り、香り、空気の重さの変化は、おしゃれを本当に楽しいものにしてくれます。

私は寒いのが苦手なので、もちろん真冬は大嫌いだけれど、４つのシーズンがあり、それぞれに合ったおしゃれを楽しめることは、とてもラッキーなことだと思っているのです。

春は、洗いざらしのコットンのニットの清潔感を。

夏は、リネンの軽さとシャリッとした肌当たりを。

秋は、スウェードの豊かさを。

そして、冬はカシミヤの優しい暖かさを。それぞれ経験できるなんて！

　こうした4つの季節で、それぞれの気温、湿度、気分に合ったスタイリングに視線を奪われるのはもちろんですが、実は一番おしゃれだと感じるのは、そのシーズンとシーズンの間に、ナイーブで絶妙な着こなしをしている人。

　たとえば3月の終わりの、まだ肌寒いけれど、昼の日差しにかなり本格的な春を感じられるようになる頃。桜のつぼみが開き始めるとき。または10月の、昼夜の温度差に少し開きができて、夕方の風がだいぶ冷たくなる頃。そんな「狭間《はざま》の時期」のことです。

　この、4つの季節では言い表せないインターバルのような時期に、みなさんは何を着ますか？　着るものが難しい曖昧な気候のときこそ、なんとなく間に合わせで済ませてしまってはもったいない。

　私は3月も10月も、レザーのライダースを活用しています。黒の表革。襟元の鋲《びょう》使いや、本来風を通さないという目的のためのダブルタイプなど、少しハードなディテールが良いでしょう。

　ハードで辛口なアイテムと思われがちですが、実はライダースは、コーディネートの強い味方。白のTシャツとデニム、首元にはカシミヤのストールといったスタイリングの上からさっと重ねても良いし、タートルネックのニットにプリントのワンピースをレイヤードして、そこに羽織っても良い。

マスキュリンとフェミニン。ベーシックとモード。カジュアルとフォーマル……。正反対のベクトルの両方に似合い、しかも、コットン、カシミヤ、リネン、シルクと、どんな素材の服とも相性が良いのです。

新しい季節を待つ、美しくドラマティックな数週間をとてもおしゃれに過ごせたなら、その人の人生はとても豊かなものになると思うのです。

ちなみにレザーは、経年変化が美しい唯一の素材です。オーセンティックなデザインであれば、毎年買い替えることもありません。10年以上着ることを考えて、上質な1枚をとにかく早く手に入れることをおすすめします。ちなみに私が愛用しているライダースは、日本のブランド「アッパーハイツ」のものです。

顔周りが少しハードな印象になるので、髪をゆるく巻いたり赤い口紅をつけたり――と、いつもより「女性度」を足しても甘くなりすぎないところも好きです。

Rule 19 夏のワンピースは、シーンレス

その服が、ある限られたシーンにしか使えないか、もしくは、着ていく場所や時間を選ばないかは、「合わせる靴」の選択肢にあります。

たとえば、11センチの「超ハイヒール」にしか合わない服は、カジュアルな場所はもちろん、実用的な仕事の場面には似合いません。けれど、コンバースのスニーカー、ビーチサンダル、バレエシューズ、5センチの太めのヒール、11センチのハイヒールにも合う服だったら、どんな予定にだってフィットします。

そんなマジカルアイテムはそうそうないのですが、夏のワンピースは、その貴重な1つ。シフォン調の柔らかな素材で、黒が締め色になったプリントだと完璧です。

丈は――ここがポイントなのですが――ロング丈。マキシよりは短めで、くる

ぶしが完全に見えるくらいが良いでしょう。

シルエットは、タイトフィットなものではなく、細めのベルトで印象が変えられるよう、少しビッグなタイプを。くるぶしが見える丈であれば、白のローカットのコンバースを履いたときにも軽やかに見えますし、ベルトで少し丈を上げて、ヌーディなサンダルをスタイリングしても、とてもエレガントです。

夏は、湿度も高く、涼しさを優先するあまり、コーディネートがマンネリになってしまう季節でもあります。だからこそ、余計に毎日の着こなしに迷ってしまいますよね。

こんなワンピースを1枚、ぜひ手に入れてください。

Rule 20 「Tシャツ」は常に2つの「たて」を大切に

カジュアル志向の時代の恩恵を受け、デニムはもちろん、本来は肌着であったTシャツだって、ほとんどの場面で着て行けるようになりました。

ただし、どんなときにも大切にしたいのは、2つの「たて」。おろしたて、洗いたてです。「たて」については『おしゃれの手抜き』でも書きましたが、これがはっきり表れるのが、最もベーシックなアイテムであるTシャツなのです。

コットン100パーセントのタイプは、繊維自体が黒ずんだり、黄ばんだりするので要注意です。たとえば、ニットやビッグシャツの中に着るのであれば、コットン100パーセントの「ヘインズ」のものでも良いと思いますが、1枚で着るには不向きです。このタイプはおそらく5回も洗濯すると、随分よれてきます。

そうです、もともと肌着なので、このなじみ感が心地よいのです。ただし、いくらカジュアルな場面だとしても、「外出着」として5回着たら、インナー専用に回すべきだと思います。「たて」をなくしたTシャツほど、だらしなく、疲れて見えるものはありません。

もし、1枚で様になるTシャツを手に入れたいということであれば、コットンベースにレーヨンなどの化繊が含まれているものを選びましょう。汗ジミが目立つのを防ぐため、ぴたっとしたものよりも少しゆったりしたシルエットが良いでしょう。

どちらのタイプにも言えることですが、着用後、その日のうちにすぐに洗濯すること。さらに、私は洗濯後、必ずスチームをあててから着ることにしています。

Rule
21
冬のコーディネートはコートからスタート

冬は、重ねるアイテムが増える季節です。素材や色、シルエットやフォルムの種類が増え、組み合わせる必要があるから、おしゃれの難易度が上がります。トップスやボトムスを選ぶ段階まではうまくいったのに、最後にコートを羽織ったら、とたんにちぐはぐに見える。もしくは、コートの肩のボリュームとバッグの持ち手がフィットせず、一日中動きづらかった……なんてことも、多々起きます。

そんな悲劇を防ぐために、冬は、スタイリングをコートから始めましょう。

理由は1つ。コートやニット、パンツやスカートの中で、一番持っている数が少ないから。所有するアイテムの数が多いものから自由に「その日のスタイリング」を組み立ててしまうと、先に述べたように、最後のコートで一気につまずくのです。

カシミヤのガウンタイプと、Pコート。本当に寒い日用のダウンジャケットに、もしかしたらもう1枚くらい、たとえばミドル丈のムートンコートなど。手持ちのもの、または買い足したものを入れても、1シーズンに着るコートはあまり数多くないはずです。

その日の天気、気温、予定、会う人などを考慮して1枚のコートを決めたら、その後からインナーやボトムス、靴やバッグに、その条件をもっと深く落とし込んでいけば良いのです。

実際にやってみましょう。

朝一番に打ち合わせがあり、その後編集部に戻って打ち合わせ。夕方取材に出かけ、そのまま夜の会食に。天気予報によると最高気温が5度。こんな1日に必要なのは、完璧な防寒対策と、資料を入れる少し大きめのバッグ、きちんと感、華やかさ、快適さです。

すると、アウターの候補から、まずダウンコートが消えます。

最後の会食時には、シルクのワンピース姿になりたいから、「丈」と「素材」を吟味すると、Pコートとムートンもなし。そうして残ったガウンタイプのコートを基軸にして、コーディネートを組み立てれば良いのです。

寒いからといって厚手のニットを選ぶと、夜の予定にはそぐわないので、薄手のアイテムを複数、注意深くレイヤードします。カシミヤの透けるタートルニットにプリントのシルクのワンピースを重ね、タイツで靴とつなげる。さらにシャギー感のあるモヘアのカーディガンを羽織り、最後にコートを。

少し肩が落ちたコートには、バッグを肩にかけるとハンドル部分が窮屈になるので、思い切って小さなチェーンバッグとエコバッグの「2個持ち」に。

こうして組み立てたコーディネートは、すべての条件を満たすものになるのです。

実は、コートを新調するときにも同じことが言えます。ほとんどのアイテムを揃えてから最後にコートを買うのではなく、秋のうちになるべく早めに購入したほうが、その後の買い物計画がクリアになります。

コートに合わせた丈、素材、フォルム、シルエットを考えて「コートの中」を買い足していくほうが、間違いがないのです。

Rule 22 デニムにも、ドレスにも、トレンチコートが1枚あれば

私は自他共に認める「トレンチコート好き」です。堅さの残る真面目な表情にも惹《ひ》かれますし、長い歴史が証明する実用性も素晴らしいと思います。丈夫で少しずつ自分になじんでくる様も、独特だなあと。

実は、どうしてもトレンチを手に取ってしまう一番の理由は、ほかにあります。それは、デニムにもドレスにも似合う、その懐の深さです。着る人の体形を限定しないだけでなく、その日のスタイリングを指図したりしない、鷹揚《おうよう》な感じ、とでもいうのでしょうか。

たとえば、ボーダーニットにダメージデニム、コンバースのスニーカーにトレンチコート――なんていう組み合わせは、私にとって、永遠にお気に入りのスタイルであり続けると思います。もちろん、カシミヤのタートルニットと、フラノ

の太めのパンツ。レースアップのシューズを合わせて、生真面目《きまじめ》にトレンチコート、真っ赤なリップで「はずす」というのもよくやります。

さらに言うと、実はもっともトレンチコートが重宝するのは、ドレスアップするとき。アパレルブランドのレセプションに出かけるときの、シルクのミモレ丈ワンピースにだって、プリントのマキシドレスにだって、とてもよく似合い、さらに、独特の安心感を与えてくれます。非日常を自分のほうに引き寄せる感じ、とでも言うのでしょうか。

ウエストが締まったドレスには、同じようなシルエットで、ベルトを前できゅっと絞って着ます。すとんとしたマキシドレスには、肩にひっかける感じで、袖に腕を通さずにふわっと羽織って。

どんなラインの服も、着方を工夫するだけで、ナチュラルにフィットしてくれます。

1年に数度訪れるかどうかの「超非日常」の機会のために、往年の女優さんのようなコートを手に入れるのは難しいけれど、懐の深いトレンチコートさえあれば！　クローゼットに1着あると、どんな予定が入ろうと安心できるのです。

Rule
23
本当に時間がない日はボーダー、メガネに赤リップ

時間がないのは毎朝のことですが、いつも以上にどうしても時間がない朝のために、「エマージェンシー（emergency）・セット」を作っておきましょう。

遅くまで仕事をした翌日や、深夜まで飲んでしまった翌日——顔がむくんで、しかも時間ない日——など、何も考えずにぱっとつかんで着替えられるコーディネートを決めておくと便利です。

私の場合は、こんなセットにしています。

冬は、ボーダーニット。カラーは黒×白が理想。しかもピッチは太め。メガネ、そして赤のリップ。この3点セットです。

ボーダーが顔をはっきりと立体的に、メガネがアイライン代わりに目をぱっちりと見せてくれます。そして真っ赤なリップは、肌色の明度を上げてくれ、明る

くしてくれるのです。

夏は、黒地に小さな柄が入ったプリントワンピース、カゴバッグに、パールのピアスの組み合わせです。

コーディネートをゆっくり考える時間はないけれど、前日のツケを次の日のおしゃれに響かせたくないときにはぴったり。

季節ごとに、こうしたセットを作っておくと便利です。

Rule
24
グレーのタイツが3本あったら

冬のおしゃれについて話すとき、何度も強調して伝えていることがあります。それは、タイツは「小物」ではなく、「ボトムス」であるということです。

たとえば、ひまわり色のウールのスカートと、ネイビーのスウェードのパンプスでコーディネートをする場合、その間のカラーをつなぐ役割をしてくれるのがタイツです。ここでは、ミディアムグレーのリブタイプを選ぶのが正解です。

バニラ色のシルクのスカートとトープ色（グレーとベージュの中間のような色）のエナメルパンプスに合わせるのは、アイスグレー、しかも杢《もく》（複色の糸がミックスされているニットのこと）が入った薄手のタイツです。

ボルドーをベースカラーにして、さまざまな色がミックスされたフラワープリントのシフォンワンピースには、黒に近いチャコールグレーのカシミヤをチョイス。

というように、素材、グレーの色みがそれぞれ違うタイツを3本揃えておけば、ほとんどの着こなしに対応してくれます。

素肌の分量が減る秋冬、この色、素材でなくては——というタイツは、立派なボトムスだということがおわかりいただけると思います。

さらに言えば、同じスカートやワンピース、ガウチョパンツであっても、タイツを替えるだけでずいぶんと印象が変わります。洗うのも簡単ですし、3000円くらいのクオリティであれば1シーズンは軽くもちます。洗濯するときは必ずネットに入れて、可能であれば手洗いモードにしてくださいね。

色幅の狭い黒やネイビーは、後から足すのでも良いので、まずは印象の異なるグレーのタイツ3本を、秋冬シーズンの初めにぜひ手に入れてください。

私が気に入っているのは、GUNZEの「ICHIRYO」というブランド。好きが高じて、こちらでは、本当に吟味したグレーのタイツを監修させていただいたほど。もう1つのおすすめはイタリアの老舗《しにせ》ブランド「ピエールマントゥー」。値段は張りますが、色味も良く十分な強度があり、投資する価値があると思います。

Rule
25

迷ったらネイビーグレーのインナーを

朝、なかなか出かけられない理由の1つに「インナー問題」があると、私は強く思っています。たかがインナーと、あなどってはいけません。

透けるシルバー色のシルクのブラウス、大胆にデコルテがめくれたカーキ色がメインの花柄ワンピース。すべてインナーに合わせるものを、ああでもない、こうでもない――と迷っていると、あっという間に時間が経ってしまうのです。外から見えるものではないだけに、少し見える、もしくはかすかに見えるくらいのインナーの存在が、せっかくのおしゃれを台無しにすることもあります。そのモヤモヤのせいで、スタイリングをなかなか決められなかったりもします。

黒のインナーは、黒い服にのみ合わせます。グレーのインナーは比較的汎用性は高いのですが、少しカジュアルに見えてしまうこともあります。白やベージュはそもそも、あまり使える場面はありません。「下着然」として目立ってしまうので。

では、冒頭に挙げたような服には、何を下に着れば良いのでしょう。

正解は、ネイビーグレーのインナーです。黒ほど服とのコントラストがつかず、グレー以上に素肌にも服にもなじんでくれます。何より高級感があるのです。できたら、素材は2タイプを常備しておきたいものです。つるっとなめらかな素材のネイビーグレーのキャミソールと、リブのタンクトップ。

私が愛用しているのは、前者がスイスのブランド「ハンロ」のもの。後者は「ジェームス パース」。決して安いものではないので、洗濯するときもネットに入れて、愛情をこめて洗っています。これだけで「もち」が全然違います。

そしてこの2枚があれば、オールシーズンで、インナーのストレスからは解放されるのです。

Rule 26
ランジェリーは女性にとって口紅やファンデーションと同じ

女性のナイーブな素肌と気持ちと服の間に入るのが、ランジェリーです。素材、フォルム、デザイン、色など、服にダイレクトに作用し、さらに身に着ける人のメンタルを左右する、とても大切なアイテムです。

逆に、外から見えないものではあるけれど、着こなしの印象を悪くしてしまう危険性もあります。

たとえば、白のTシャツにブラジャーのレースが「あたってしまい」、Tシャツの持つ清潔感とボーイッシュな魅力が半減してしまっている方をよく見かけます。

この場合の正解は、ベージュやグレーのタイプです。モールドのようなカップの表面がなめらかな素材で、つるっと丸い胸を作ってくれるもの。さらに言えば、バックとサイドのストラップは太めで、バストの下と背中を華奢に見せてくれる1枚が良いでしょう。

カシミヤのニットを着る場合は、こうしたシンプルなブラジャーの上から、シルクのキャミソールを重ねて着るのがおすすめです。カシミヤの柔らかさと繊細さに、シルクでさらに女性らしさをプラスします。

シルクには保温性、吸湿性があり、かつ身体とニットの間の隙間《すきま》をなだらかにしてくれます。色はパールホワイトか、ミルクティーのようなベージュなら、どんな服ともなじんでくれるので便利です。

前述のような、服に響かないよう、あたらないよう、邪魔しないように選ぶランジェリーが、ファンデーションのような日常的な存在だとしたら？ つけただけで表情が華やかになる口紅のように、気分を上げるランジェリーも必要です。女性ですもの。

自分と、自分と近しいパートナーだけの特別なもの。色やデザイン、素材にも思い切り「好き」を表しましょう。

そんな1日があるだけで、私たちは元気になれるのです！

ランジェリーの替えどきは、ファンデーション的なものは1年に1回。着用頻度がそれほど高くない口紅のようなものでも、1年半ほどで替えるようにしています。

直接肌に触れるランジェリーは、女性のネガティブな気持ちに最も寄り添ってくれ、かつ、布物は気を溜《た》めると言われています。何より、丁寧に手洗いしても、どうしたって劣化してしまうランジェリーに「もったいない精神」は必要ないのです。

Rule
27
昼も夜も12ミリのパールのピアスで

40歳を過ぎた頃、さまざまなご縁をいただき私のもとにやってきたのが、「ボン マジック」のバロックパール（球状ではなく、一点一点形が異なるパール）のピアスでした。

見る角度によってはグレイッシュに輝く、少しいびつなパール。横顔を照らし、真っ赤な口紅ともヌードカラーのグロスとも似合い、さらにデニムコーデもドレススタイルも私らしくしてくれます。

このピアスを手に入れたことで、私のストレスはずいぶん減りました。どんな時間でも、着こなしでも。そして、その日のメイクにも惑わされることなく、とにかくこのピアスがあれば事足りるのです。いわば、お守りのような存在。

そしてこれは、バロックでなくてはならず、少し大きめ（12ミリ前後）が最も美しいと思います。

真円にはない凹凸が、つけている人をよりドラマティックに、奥行き深く見せてくれます。さらに、12ミリという大きめの「白」は、どんな素材や色の服に合わせても、きちんと効いてくれるのです。

日常はもちろん、旅先でも。

合わせるピアスはこれさえあれば、と思っています。

Rule
28

雨を嫌いにならないための3本の傘

うっかり者でおおざっぱな性格ですが、これまで傘をなくしたことは、そんなにありません。もちろん、ほろ酔いで辞したビストロに忘れて帰るようなことはありますが、次の日必ず電話をして取りに行きます。

傘はただの道具ではありません。おしゃれになるための、立派なコーディネートアイテムの1つですから、大切にしています。

手持ちの傘は3本。3本あれば、どんなスタイリングにも、気分にも、天候にもフィットしてくれます。

真っ赤な本体に、白のハンドルのものは、もう4年ほど使っています。ニットのトップスにデニムのような、シンプルなスタイリングのときによく合わせる傘です。見かけはフェミニンな傘なのですが、ボーイッシュなスタイルに真っ赤なリップを差すようなイメージで取り入れるのがお気に入りです。

抽象画のような、大きな柄がプリントされた傘は、使い始めて3年になりました。突然雨が降った日に、ビニール傘で間に合わせたくなくて、結構な金額を払って購入しました。骨もしっかりしているので、風が強い日に活躍してくれます。淡いブルーとブラウン、白の3色が使われているので、たいていの服に合わせられます。

そして、セレクトショップの最終セールで買った、カーキがベースの細かい柄の1本。持ち手はウッド。小さい、カジュアルなものなので、リネンやコットンなど素材がナチュラルなものに合わせることが多いです。

突然の天候の変化でぱっと手に入れたものもありますが、傘を3本持っていると、良いことばかり。雨の日に着る服がそれほど制限されることもなく、むしろ雨の日が待ち遠しい、楽しいものになりました。

Part 3

サイズに一喜一憂せず、「服を着る私」を整える

似合うものも、世代交代する

毎朝スタイリングがなかなか決まらない。何を着てもおしゃれに見えない――。そんなときは、できるだけ薄着で「自分の写真」を撮ってみましょう。ジャケットを着る、シャツを羽織る、パンツを穿く。その、着こなしの土台である自分自身が、もしかしたら「思わぬ状態」になっているのかもしれません。

ただし、それは太ったり痩せたり、サイズが上がってしまったり……ということではありません。予想もしなかったパーツにいつの間にか脂肪がついていたり、逆に、適度についていたお肉が削げていたり、あるいは重心が下がっていたりといった、もっと具体的な変化です。

写真を撮って、さまざまな角度から自分を客観的に見ると、脳内でイメージしているシルエットやラインが、いつの間にか変わっていることに気づきます。この「私のコンディション」を客観的に見ることができないと、似合う服も見つかりません。「毎朝1分」で服を選べるようになるという目標が、逆に遠ざかってしまいます。

私自身もこの状態を、二度ほど経験しています。

一度目は34歳頃。そして、二度目はつい最近、41歳から43歳まで。

30代半ばで、鏡に映る自分が突然「今までと違う」と気づいたのは、大好きなタートルニットを着て出かけようと準備をしていた朝のことでした。

首が長く、肩が小さい自分には、タイトなタートルニットが似合うとずっと確信していましたし、スタイリングの仕事でも、本当によく使っていたアイテムでした。その信頼できるニットを着ている自分が、なんだかぼんやりして見えるのです。

最初は「むくんでいるのかな？　顔色が悪いのかな？」とやり過ごしていたのですが、そのうちはっと気づきました。

「似合っていない！」

写真を撮ってみると、理由が簡単にわかりました。タートルニットを着こなすときにとても大切な「かりっとした肩」が、知らないうちになくなっていたのです。

オードリー・ヘップバーンのポートレートにもあるように、タートルニット――特に黒のタイトなタイプ――は首が長く、顔のラインがシャープで、しかも肩がバレリーナのように薄くとがっている人が着るからこそ、とびきり素敵なのです。

肩先は丸くなり、前から見るだけでは気づかなかった脂肪が、肩から背中にかけてうっすらとのり、ブラジャーの下の段差の存在が丸見えになった当時の私には、大好きなタートルニットが「いまひとつ」の服になっていました。

「タートルニットを着るためのワークアウト」は早々にあきらめ、私のクローゼットからは、タートルニットが消えました。残念ですが、固執する必要はないと思ったのです。「とびきり似合う」わけではないのなら、捨てる勇気も大切です。

その代わり、20代の頃は一切着なかったシャツが、「とびきり似合う服」として私のクローゼットに復活しました。たとえば、アイロンをかける必要のないシワ加工の素材で、1つめのボタンがかなり下のほうについた、当時大流行していた西海岸風のシャツ。バストの位置が下がり、肩が少し丸くなった30代半ばの私のカジュアルスタイルを、うんとリッチなものに格上げしてくれました。

これを機に、「そこそこ似合う」服でつくられた着こなしは、着る人自身をも「そこそこ」に見せてしまうことを知ったのです。

タートルニットをはじめとした「いまひとつ」となったアイテムを断捨離し、デニムをベースにした大人のカジュアルスタイルをつくり上げようと試行錯誤を重ねました。

そして、次の「MY STYLE」を確立し、30代後半は、おしゃれのストレスがずいぶんなくなったと自負していた中で――また突然、その日がやってきました。

「あれ？　服が似合わない」

41歳のときです。

今度は深刻でした。とにかく朝の準備に時間がかかり、なかなか出かけられないのです。さらに、何を着ても「これ！」というスタイリングにたどり着くことができません。

制服のように毎日と言っていいほど着ていた、グレーのカシミヤニットにデニム——なんていうコーディネートも、何かが違う。首から上と首から下が、しっくりこない感じなのです。

二度目の「自分探し」は、少し時間がかかりました。

このときも、写真をたくさん撮りました。すると、すぐにその理由はわかりました。痩せたのです。正確に言うと、「やつれたように見えた」。

服のサイズはほとんど変わらなかったので、おそらく、顔とデコルテや肩といった部分が痩せたのでしょう。ニットにデニムなんていうシンプルな組み合わせは、疲れて見えるし、かといって、雑誌『DRESS』のファッションディレクター時代にたくさん買い揃えた華やかなワンピースは、中途半端に映るだけでした。

上半身は痩せたものの、学生時代にラクロス部で鍛えた筋肉は落ちず、下半身はたくましいまま。どうも同じ人格に見えなかったので、生まれて初めてトレーニングを始めました。

もともと筋肉量が多いからか、少し身体を動かすとすぐに効果が表れ、体重が落ち、「そんなに痩せなくてもいいじゃない」なんて周囲に言われる始末。今度は、ギスギスした自分が鏡の中にいました。

どうやって自分という土台を作っていいかわからない期間が、その状態で数年間も続きました。正直つらかったです。この時期に買った服の数は、私の迷いや悩みをそのまま表しているようでした。

いくつもの試行錯誤を経てたどりついた答えは、「痩せる」という選択肢ではなく、「むくみをとり」「しなやかな身体を目指す」という方法に切り替えることでした（詳しくはrule36／136ページをご覧ください）。

さらに、メイクの方法も変えました。そうして自分自身を変えることで、このトンネルのような暗闇をいつの間にか抜けることができたのです。

今はまた服を着ることが、おしゃれをすることが、そしてコーディネートをすることがとても楽しくなりました。

女性は年齢とともに、そのときに置かれた状況によって、そしてメンタルも大きく作用しながら、常に変化します。

その「変わりゆく自分」を俯瞰で見つめ、認めてあげることは、おしゃれをするうえでとても大切であると、幾度かの「おしゃれ迷子」を経て気づいたのでした。

そんな「服を着る自分」を整えるためのヒントを、この章ではお伝えしていきますね。

Rule 29

自分のコンディションにも責任を持つ

体重の増減や、サイズのアップダウンのことを言っているのではありません。「全体的に痩せる」必要も、「平均的なサイズにこだわる」必要もありません。でも、自分の見かけがどんな状態にあるかには、敏感でいなければいけないし、責任を持つべきです。

そして、その基準は人それぞれです。「お気に入りのデニムが入らなくなったら悲しい」とか、「背中に生まれた下着との段差が気に障《さわ》る」とか、気になる部分をベースにすれば良いと思います。9号が入らなければいけないとか、体重が平均を上回ってはいけないとか、人が決めた数字に一喜一憂せず、自分の判断材料を持たなくてはいけないのです。

私が目安にしているのは、肩のラインと、おへそ下のぜい肉のつき方です。鏡に映るこの部分に変化が出てきたら、「少し筋肉を意識して歩こう」とか、「これは抗《あらが》えない変化だから、選ぶ服を変えよう」と心を決めます。どうしてこの2か所かというと、数少ない、自分自身の「好きなパーツ」だから。

全身を満遍なく絞ろうとすると、しなやかでありたい部分がこけて見えたり、表情が疲れて見えたりすることがわかったので、この2つだけを基準にしています。仕事に家庭にと、日々忙しくしていると、週に2回トレーニングに通ったり、パーソナルトレーナーに見てもらったりするのは不可能です。自分でこまめにチェックするしかありません。

おへそ下のぜい肉は、すぐにつきますが、少し努力すれば短時間で消えるので、変化を感じ取ったら、私はまず食習慣からあらためます。夕食の時間を早めに設定し、お酒の量を減らします。そして、もし余裕があったら、1日のスープデトックスかジュースデトックスを。

肩は、体重の変化が最後に出てくる場所なので、ここが丸くどっしりしてきたら要注意。普段はしない上半身を鍛えるトレーニングを。

とは言っても、とくにジムに通ったりはしません。750ミリリットルのペットボトルを持って、腕を上げ下げする程度。無理なく、家の中でできることから始めます。

全身のパーツを鍛えるというと、ハードルがぐんと上がりますが、2か所くらいなら、何とか日々目を光らせ、自分にとってのベストな状態をキープできるでしょう。

そのためには、毎日、鏡の前で自分のボディラインをチェックしなくてはなりません。毎朝着替えるとき、そして帰宅してお風呂に入る前に、必ず全裸で自分の状態を確認します。はじめは抵抗があるかもしれませんが、習慣にしてしまえば苦ではなく、小さな変化も見逃さずにすむのです。

最後にもう一度言いますが、自分のベストなコンディションを決めるのは自分です。世間が決めた数字や平均に、決してコントロールされないことです。

Rule 30

後ろ姿に敏感になる

年齢とともに変わっていく自分に対して、ベストなコンディションを見極めるのに実は一番有効なのが、後ろ姿を確認すること。

あたりまえですが、人は普段、自分のバックスタイルを確かめることはできません。私たちは鏡の前に立つとき、無意識に「鏡に映るぞ」と身構えているので、たとえば実は一日のほとんどをその状態で過ごす「無防備な自分」から目をそむけがちです。後ろ姿の写真を、ぜひ撮ってもらいましょう。

できるだけ意識をしない状態で、ふいに。首から肩にかけてのライン、背中の厚み、肩甲骨の印象、そしてウエストの位置やヒップの高さが、自分が思っていた、記憶していたそれよりずいぶんと違う感じになっているのに、愕然《がくぜん》とするでしょう。

けれども、気づくことが大切。ボトムスのサイズを上げたほうが良い？　トップスの素材を変えるべき？　ヒールの太さは自分の脚の形に合っている？　といったことを、一つひとつ確認すれば良いのです。もしくは、全体的にラインを絞ったほうが良いのか、なども自分で判断ができます。

毎日少しずつ、女性は変化します。もし、自分の後ろ姿を何年も「見ていない」なら、その間に変化した自分を把握しないまま、服を選んでいることになります。

決して時間やお金がかかることではないので、ぜひすぐに試してみてください。

Rule 31
すっときれいな背中で服を着たい

「背中で着る服」は、思っているよりもたくさんあります。バックコンシャスな露出の高い服、という意味ではなく、すくっと清潔な背中だからこそ似合う服が——という意味です。

たとえばTシャツや、ジャッキーワンピースと呼ばれるようなシンプルなワンピース（首元がきゅっと詰まり、ノースリーブで程よくタイトな——ジャクリーンがケネディ大統領のファーストレディのときによく着ていたワンピース）などがそうです。編み目の細かなハイゲージの薄手のニット、シルクのブラウスなどもそうでしょうか。ベーシックなジャケットなども、もちろん。

身体に張りつかないから、と選んだ「とろんとしたカットソー」が、どうにもこうにも似合わない、なんて経験が私にもありますが、こういう服が似合うのは、横から見たときに背中が見事にS字を描いている欧米人だけです。しかも、「ムダ」をまだ身につけていない10代や20代の若者だからこそ、着こなせるアイテムでしょう。

日本人の身体は、フラットだとよく言われますが、このことばが指しているのは、バストの大小ではありません。背中のカーブがないことです。それに気がついたのは、30代半ばを過ぎてからでした。

布団で長く寝ていた私たち日本人は、遺伝子上、カーヴィな背中を生まれながらにして手にするのは難しい。小さな工夫を積み重ねて、背中にこんもりと「ムダ」がのってくるのを阻止しなくてはなりません。

二の腕をほっそりさせたい、脚をすんなりしたラインにしたいと、正面から見える部分にばかり気持ちがいきがちですが、私自身は、そこにはあまり固執しません。でも、「見事な背中」を見たときは別。肩甲骨が健やかに存在していて、ウエストにかけてすうっと1本筋が入っているような背中は、先に挙げたさまざまなアイテムが本当によく似合います。

私は薄いだけの平板な身体つきなので、だからこそ「背中の印象がぼんやりしないよう」に気をつけています。と言っても、トレーニングはもちろん、ヨガもピラティスもなかなかやる気にならないので、簡単なストレッチとマッサージ、そして背中を見せる服を着て、緊張させる――ことくらいしかしませんが。

ストレッチは、肩甲骨を意識しながら両腕をぐっと上に上げる。最近では、朝起きたらYouTubeを見ながらラジオ体操第一をすることが日課に加わりました。身体がシャキッと目覚めます。

そして、「ヴェレダ」のホワイトバーチのオイルと、同じくヴェレダのブラシでのマッサージ。これを、深酒した夜以外は必ず行います。手が届く範囲だけですが、肩甲骨の周りにブラシを当て、ごりごりと動かすだけ。保湿力の高いオイルなので、コリやむくみがとれるだけでなく、しっとりとすべらかな背中になります。

そうそう、つやっと光ることが清潔な背中には必要なので、マッサージ前に、コットンに残った顔用の化粧水を背中にも使うことも、もう長年の習慣です。

そして、意外と質問されることが多いのが、背中のムダ毛問題。私の背中の毛はそこまで濃くも太くもないので、ワックス脱毛で十分。もしくは家庭用の脱毛器や脱毛クリームでも。ケアが面倒くさかったら、永久脱毛をしてもいいでしょう。

そんなに難しいことでも大変なことでもないので、とにかく習慣にしてしまうのが一番です。

背中は自分で思う以上に、人の目に触れられているものであり、さらにその人のおしゃれに対する覚悟を表すものなのです。

Rule 32

40歳を過ぎたら口紅は必ず。赤かピンクベージュを手に入れよう

数年におよぶ「おしゃれに迷った」私を救ってくれたものの1つに、口紅があります。毎朝、鏡の前でああでもない、こうでもないと服選びに格闘していたところ、口紅を塗って全身を見直してみると、すっとバランスが整って見えたのです。

それまでは、アイメイクをしっかり施して目を強くしてさえおけば、くちびるはヌーディでも気になりませんでした。むしろ、そのほうが、「服とのバランスがとりやすい」と思っていたほどです。

もちろん、メイクの流行もあるとは思います。いずれにしても「くちびるを飾る」ことは、きっとある年齢から、避けて通れない大切な習慣になるのでしょう。

そのときに持つべきカラーは、赤とピンクベージュです。青みのあるピンクや

やたら明るいオレンジなど、中途半端なものは顔を古く見せ、「今着たい服」との軋轢《あつれき》を生むので、この2色に絞っていいでしょう。

赤は、マットなペンシルタイプか、くちびるの色はそのままで「血色を良くした」感じを出せるグロスタイプがいいでしょう。顔立ちや着る服によって一人一人似合うタイプが違います。たくさん試したうえでどちらかに絞るか、できればどちらも持っていると、カジュアルにもフォーマルにも対応できます。

ピンクベージュは、赤よりも少し注意が必要です。色によってはますます肌色をくすませてしまう恐れがあるので、自然光の下で試してみるのが理想です。

百貨店のカウンターで試す際、白のケープを掛けられることが多くありますが、必ず一度外して、遠くの鏡で確認しましょう。ケープのように白いものが近くにあると、顔色は当然いつもより明るく見えてしまいますから。買って帰って、翌日つけてみるとなんとも血色が悪い……といったオチになってしまいがちです。

リップペンシルまで使って、輪郭まできっちりくちびるを描いたほうが良いのか、もしくは指でとんとんと色をのせていったほうが良いのか——。塗り方もさまざまあります。ぜひ自分のベストを探してみてください。

Rule
33

清潔な、格好いい
——手元にははっきりと女性像を映して

私の編集者の先輩で、色を塗って飾るためではなく、「ケアのため」にネイルサロンに通っている人がいます。

数年前に左手の薬指のリングも外してからは、ずっとノーアクセサリー。週末はサーフィンをするため、手元にはメンズライクなダイバーズウォッチだけつけています。少し焼けた肌に映える、つやつやに磨かれた「素《す》の爪」の健やかな美しさは、化粧っ気がなくて、歯が白くて、いつも笑っている彼女のキャラクターそのものです。

ネイルも含めて手元のコーディネートは、その人自身が出てしまうので要注意です。

彼女のように、色は塗らずとも清潔でスポーティな手。肌になじむようなピンクベージュのネイルに、あえてカジュアルに、ドレスウォッチとヴィンテージの大きなリングを1つ身につける。あるいは、短く切り揃えた深紅の爪にたくさんのミサンガと、スクエアの正統派の時計……。というように、手元にはおしゃれの個性がはっきりと表れます。

手には、その人がこれまで送ってきた「過去」が積み重なっています。個人的には、砂糖菓子のように情報過多なデコラティブなネイルよりも、きっぱりと潔い、単色塗りの指先が良いと思っています。あとはその上に、自信をもって選んだ時計やジュエリーを足していけば良いだけ。

手は筋張り、うっすらとシミが浮かび、そしてもしかしたら、そのときの状況によっては、指の先にまでは意識がいかないこともあります。でも、それで良いと思います。働き者の、働いている手ですから。

自分の手元にいつまでも自信がもてないのは、自分が生きている「自分というキャラクター」に自信がないのと同じこと。

全身を作り込んでいったり、それこそ足したり引いたりする計算が難しければ、まずは手元のコーディネートを確たるものにすることから始めてみてください。そうすることで、「私」という大きな像も、はっきり見えてくるかもしれません。

Rule 34

スキンケアとヘアケア商品。5年前のものをまだ使っていませんか？

自分はどんどん進化しているのに（年を重ねることは進化することだと思っていますので！）、それを包む服がずっと同じでは、おしゃれが立ち止まってしまいます。スキンケアにも、同じことが当てはまります。

昨日までとは何かが違う、その日のコンディションのせいだけではなく、次の日もまた次の日も、その違和感が拭えない。そんなときは、思い切ってスキンケアを替えましょう。

替えるって、何を――？

まずは、クリームと美容液からです。

20代の頃から使っているクリームや美容液を、10年経っても使い続けていませんか？

なかなか朝の服がキマらないと悶々《もんもん》としていた「おしゃれ迷子」のとき、私は長年愛用してきたスキンケアアイテムを見直し、エイジングブランドにチェンジしました。41歳のときでしたが、そのときの衝撃たるや！

はっきりと若い肌ではないけれど、まだ伸びしろが残っている素肌に、新しい化粧水やクリーム、美容液が、確かな効果をもたらしてくれたのです。どうしてそれまで気がつかなかったのでしょう？

エイジングをはっきり謳《うた》ったアイテムには抵抗があり、なかなか手を伸ばしづらいかもしれません。けれど、早くスタートした者勝ちだと思います。個人差はあるでしょうけれど、この先もこの顔で、この肌で生きていくことを考えたら、30代後半くらいが始めどきではないでしょうか。

シャンプー&コンディショナーといった、ヘアケアものも同じです。頭皮の環境は、健やかな髪を育む、畑。ともすれば素肌の変化より顕著なのにもかかわらず、後回しにされてしまいがちです。

髪型がきちんと作れない、と思ったら、頭皮のスキンケアとも言える、シャンプーとコンディショナーを替えましょう。これも、絶対早いほうが良い。季節や自分のコンディションによって、私はオーガニックの「ラ・カスタ」や「スカルプDボーテ」を愛用しています。

エイジングを怖がるのではなく、〝ビューティフル・エイジング〟と呼べるようなおだやかな気持ちでいたいな、と思います。そのための準備は、ぜひお早めに。

Rule
35
顔が「古くなったら」アイシャドウを替えてみて

シャツだってニットだって、着続けたら古くなります。同じように、顔だって古くなります。

とはいえ毎日のコーディネートのように「全とっかえ」はできないので、眉、まぶた、くちびる、肌の質感と色、といったように、パーツごとにマイナーチェンジをするしかありません。1つのセオリーに慣れてしまうと、なかなか違うやり方、アイテムに手を出すのは難しいとは思いますが。なんだか顔が古くなったなあ、と感じたら、アイシャドウから見直してみましょう。

何年も前に、旅行のついでに空港の免税店で買い置きしておいたアイシャドウパレットはありませんか？ さらにそれは、「〜の○番」とそらで言えるような、なんとなく長く使い続けてきたものだったりしませんか？ 思い当たるものがある方は、すぐに新しいものを選んで買い直すことをおすすめします。

色はもちろん、数年前、もしくは十数年前のものとでは質感がまったく違います。あとは、まだ顔や首筋にブラウンの影がなかったときは、ブラウン系のシャドウが似合ったかもしれませんが、今シャドウで足さなくてはいけないのは、ブラウンという「色」ではなく「立体感」なのかもしれません。

パウダー状のものではなく、ジェルを軽く指先でとんとんと……くらいが、軽くて今っぽい顔になるな、などなど。意外と自分の顔を客観的に見られていないのは、自分だけなのかもしれません。

私の経験上思うのは、年齢を重ねると、まぶたの装いは「昔より軽めが良い」ということ。クローゼットの中身だけでなく、変える、捨てる、手放す――なんていうメイクの断捨離も必要なのです。

Rule 36
「あごのライン」は、何歳になってもシャープに

50代の小泉今日子さんが、あるいは70代の夏木マリさんが、いくつになってもフレッシュに見える理由は、「あごのライン」にあります。あごのたるみや、余分なぜい肉は、生活感に直結し、それはすなわち「疲れ」や「老け」に見えてしまいます。

すっとして、軽やかで清潔なあごは、ちょっとした習慣で手に入れることができます。たとえば、常に目線を上げるように心がける、うつむいてずっとスマートフォンを見続けることがないよう気をつける、たくさん笑って、口の周りの筋肉を動かす――。こういったことでキープできます。さらに、スキンケアの時間に簡単なマッサージをすると効果的です。

やり方は簡単です。私はジュリークの名品「グレイスフル　ビューティー　フ

アーミングオイル」を使うようにしていますが、化粧水の後にクリームを塗布するときでも良いでしょう。まだオイルやクリームが肌の上に残っているときに、次のようにマッサージしてみてください。

① 手のひらを下に向け、両手を軽く握ります。

② そのまま人差し指と中指を軽く上げ、ちょうどその2つの指の間にあごのラインが当たるように。組んだ両手を離しながら、あご先から耳の下に向かって、軽くなでるように移動させます。そしてそのまま指先でこめかみを押し、首筋のほうに流します。

③ ②を7、8回繰り返します。

3、4回に一度は、指を耳の後ろにまですべらせ、今度は指の腹を使ってゴリゴリしたリンパの滞りをほぐし、そのまま首のサイドに流します。

このマッサージを朝夜続けるだけで、顔のラインはぐんとシャープになります。

あごが引き締まり、首のむくみがとれるだけで、体重は変わらなくても全身が
痩せて見えるから、不思議なものです。
5分でできることを、毎日のスキンケアの最後に加えましょう。

Rule 37 髪は「着こなし」をつくるアイテムだと考える

欧米人と同じ素材や色、組み合わせをそのまま真似しようと思っても、なかなかうまくいきません。その大きな理由が、「髪」にあると思います。

もちろん、顔の小ささや頭の形、全身のバランスもありますが、「髪」は、スタイリングを構成するアイテムの1つ。このアイテムがどんな色や質感なのかということは、そのまま服を吟味するときと同じように考えなければなりません。

黒髪であること以外に、日本人と欧米人の一番の違いは、日本人の髪は「陽《ひ》に透けにくい」ということです。

軽さというよりはしっかりとした重量感があり、なんとなく曖昧に背景に溶けることはなく、どっしりと「額縁」の役割を果たします。どちらかと言えば日本人は、ぽってりとした丸い顔に少し短く幼い首といったタイプが多く、影があまりはっきり出ません。影が見当たらない日本人にとって、髪は、まさに白い顔を縁取る黒のフレームなのです。どちらが良いわけでも、悪いわけでもありません。顔のすぐ近くに、しなやかで強い「黒髪」があるということを意識して服を選ぶべきなのです。

たとえば黒を着るときは、あえて髪をおろして「黒の分量」を多くするのか、もしくは、パステルカラーの服と黒い髪の組み合わせはコントラストが強いため、ヘアは小さく1つにまとめるのか——などと注意深く考えましょう。

私がいつも髪をまとめているのは、首とあごを出したほうが全身で見たときのバランスが良い、という理由もあります。でも本当の理由は、「黒を小さく」したいから。首が筋張っていたり、デコルテの凹凸がくっきりしているなど、陰影が深く出る体形のため、顔まわりにこれ以上の黒を増やしたくないのです。

髪は立派なコーディネートの一部。ヘアスタイルをどうするかということは、服を選んだ後に、真剣に考えなくてはいけないことかもしれません。その時間を確保するためにも、着る服は素早く決めてしまいたいものです。

そして髪も、年々、その質感やボリュームを変化させます。

特に30代半ば以降。白髪の有無だけではなく、ドライに傾いていないか、ぺたっとして元気がなくなっていないか、面倒くさがらずに毎朝チェックしたいものです。もちろん、エイジング用のヘアケアアイテムを使ったり、ブローの仕方を変えたりして、その変化に対応します。

ロングヘアが重くて頭頂部が平板になるくらいなら、思い切って髪を短くするなど、いろいろなマインドチェンジも必要です。

それにプラスして、次のようなことに気をつけたいものです。

トップス、特にニットの素材を柔らかく、毛足が少し長く遊ぶようなものにしましょう。たとえばパールなど、耳元に白い光を添えるのもいい。

そして眉を太めに描き、口紅を忘れないこと。豊かな髪が顔を華やかに飾っていた頃とは違い、「何かもう1つ」の力が必要になってくるからです。

30代半ばからおしゃれに迷う人が多くいるのも、この「髪をどうするか」にかかっています。髪の力を味方にできた人こそ、いっそう「おしゃれな人」に近づくことができるのです。

Rule 38
「肌をどうするか」をシーズン前に決めておく

肌の素材感を、日本人や韓国人に見られる〝うるっ〟〝もちっ〟とした質感にするのか、艶はあるけれど、欧米のマダムのような強さをもった辛《から》い肌にもっていくのか――「肌をどうするか」は、肌の印象を決めること。もちろん色も、方向性を定めます。ピンク味を帯びているのか、スペイン製のテラコッタのようなバーンドオレンジなのか――。

なぜなら、髪だけでなく、肌も着こなしを構成する大きなアイテムだからです。肌の露出が増える夏はもちろんですが、冬も手元や足首、デコルテの肌のイメージがおしゃれを大きく左右します。着る服の素材をリネンにするのか、スウェードにするのか、はたまたカシミヤなのか――と、変化をつけるのと同じ感覚と言えるでしょう。

たとえば、アジア人特有の「水分をたたえた肌」、そして白肌でいこうと決めたなら、夏のコットンがとてもよく似合います。それも目の詰まった、正統派のコットン。潤いのある肌と、かりっと清潔なコットンが、きれいなコントラストを描き出してくれます。

また、肌を大きく覆ったほうが、ちらりと見える素肌の美しさがいっそう映えます。冬は、ウールなどのマットな素材も、柔らかでうるみのある質感の肌だからこそうまく着こなせるでしょう。

逆に、欧米マダムのような迫力のある肌でいくと決めたなら、夏服の素材はリネンが似合います。ザラリと強い素材感が、日焼けした肌をさらに格好良く見せてくれます。冬は逆にシルクやカシミヤなど、素材で素肌に艶をプラスすると良いでしょう。

肌の色や質感、イメージをどうする？　ということは、服を買う前に、最初に考えておきたいことです。

Part 4

「おしゃれをする」ということ、「服を着る」ということ

服には、あなたの「教養」が表れる

「服を着ること」には、防寒のため、身体を隠すため、肌を守るためなど、かなり実用的な目的が要求されますが、「おしゃれをすること」は、またそれとは少し違います。

おしゃれをすることは、「人間として着なくてはいけない服」に、それ以上の意味を持たせること。

たとえば、自分だけの素敵な色合わせを考えたり、きれいで整ったバランスを計算したり、素材の妙を楽しんだり。そう、「JOY（楽しみ）」の要素がとても多いのです。

おしゃれって楽しい！　これが一番大切です。

誰かと比較したり、ものを持っていないことを嘆いたり、自分の何かを誇示したり――という目的とは絶対に違う。これは、ファッションの仕事に携わるようになってから、ずっと思っていることです。

ただ、やはり、ある程度経験や年齢を重ねて、さまざまな人や場所、そしてシーンを体験すると、おしゃれとは、「楽しければそれで良い」だけではないことをリアルに感じます。

たとえば、オリーブグリーンやカーキは、厳密に言うと「休日の色」。メンズファッションのルールに精通している人は、オフィシャルな場面では決して着ません。

また、リネンは季節限定の素材ではなく、時間を限定する素材で、夜の「超フォーマル」な場面にはそぐわないなど、細かく挙げればおしゃれのルールはたくさんあります。

「着たい服を着たい場所で着る」という信念が通りやすいスタイリストという仕事柄、メディアを代表する立場でさまざまな会に参加することも多くなった今は、遅ればせながらそう考えるようになりました。

さらに、こんなできごとからもその思いを強くしました。

30代前半で、『ヴァンテーヌ』時代にお世話になった方のご葬儀に参加したときのことです。もともと、式の前後にかなり予定が詰まっていたのと、妊娠中だったのもあって、「黒であれば大丈夫だろう」と、コットンのシンプルなワンピースで出かけてしまいました。

ところが到着してすぐ、その甘い考えがまるきりマナー違反であることを理解しました。お世話になった方の死を心を込めて悼みたかったのに、着ている服によってそれができなかったことを、深く後悔しました。

悲しみの席にふさわしい黒は、普段の黒とは深さや色みが違うこと。その場に正しい素材があること。そんなことを恥ずかしながら体感し、すぐに、靴や小物に至るまですべて「正しい喪服」を揃えました。

場にふさわしくない格好をしていたのは、私くらい。さまざまなメディアで活躍されている先輩や、錚々《そうそう》たるファッショニスタたちが、時としては自分らしさよりも、マナーとしての黒を優先されていたことを、遅ればせながらそのときに学んだのです。自由に服を着られるような職業であっても、自己表現することだけがすべてではないのです。

こうしたルールがはっきりしているシーンを、大なり小なりさまざま経験することで、マナーを真っ先に考えるファッションが身についてきたように思います。

おしゃれは学校では教わりませんし、TPOに合った正しい服を着られているか、誰かに正解を教わるわけでもありません。だからこそ、生涯をかけて自分自身で探求していかなくてはならない、立派な「教養」なのです。私は自分の子どもたちには、レストランで食事をするときのスタイリングや、家族全員で出かけるときのコーディネートの、その理由を話すようにしています。その小さな積み重ねが、きっと将来子どもたちが、どこに行っても恥をかかない、「おしゃれのマナー」が備わった大人になると信じて。

Rule 39

マナーとしてのファッションを考える

ファッションは、マナーである。

40歳を過ぎてから、そう感じる機会が増えるようになりました。もちろん、おしゃれは数ある自己表現の1つですし、楽しみでもあり、コミュニケーションのツールでもあります。

でも時として、おしゃれは自分一人だけのためのものでもないと感じるようになりました。誰のために着る服なのか、どんな人が周りにいて、場所や時間にふさわしい、目的を満たすファッションなのか？　と、一つひとつ立ち止まって考えることが多くなったのです。

かなりオフィシャルな場でのドレスコードや、お葬式や結婚式のルールはもちろんのこと、そこまで大げさでなくても、日常のおしゃれでの周囲との調和など。

考えながら、工夫するとけっこう楽しいものです。

冠婚葬祭のルールは、専門のマナーブックがあるので割愛するとして、ここでは「調和」というマナーのお話をしたいと思います。

たとえば、オープンテラスで開かれる、親しい友人の誕生日会。NGではありませんが、私は黒は着ません。

黒では夜の闇に隠れてしまう、ということもありますし、誕生日というお祝いの気持ちを表すのが、黒である理由がないからです。

夏ならイエローやパープル、冬ならオフホワイトなど。色で、「生まれてくれてありがとう」「出会わせてくれてありがとう」「誕生日を一緒にお祝いできて嬉しい」という気持ちを表現するのです。

そして、素材はリネンやコットン、カシミヤなど。ゆったりと身体を包むワンピースやニットならパーフェクト。楽しい、嬉しい気持ちを手渡し、さらに親しさゆえのリラックス感をトッピング。もしこんな着こなしができたら、マナーとしてのファッションはクリアです。

少し堅い、オフィシャルな場面でもそうです。私が真っ先に考えるのは、同行する人や、さらにアポイントをいただいている先方の装いです。

男性に比べ、女性の仕事スタイルには明確なルールはありません。だからこそ、周囲とのバランスがとても大切です。周りがネクタイを締めた、ダークグレーやネイビーのスーツの男性がほとんどの場合は、選ぶのはワンピース。女性も男性と同じくスーツだと堅苦しく見えてしまいますし、ワンピースを選ぶことで、その場を和ませる柔らかさや余裕を表現できます。

ノータイのジャケットスタイルの男性たちの中にいるときは、素材のきれいなニットにスカーフを巻いたり、パールのネックレスをつけたりするなどして、上半身にポイントを作りましょう。ローゲージ、ミドルゲージのものは避け、ハイゲージと言われる編み目の細かいニットだと良いと思います。

仕事の内容によっては、女性もジャケットが必須というシチュエーションもあるかもしれませんが、決まりきったルールに従わなければならないというよりは、心遣いや、周囲とのバランスを想像することが必要なのです。

Rule 40

仕事服の価格は〝減価償却〟で考える

よく聞かれる質問に、「ユニクロやH&Mといった、ファストファッションは着るのですか？」「通販で服を買うこともありますか？」といったものがあります。

実はファストファッションは大好きです。でも、購入するのはカジュアルなアイテムに限っています。結婚式や葬儀などのセレモニーや、大切な仕事の場面には選びません。

なぜかと言うと、そうしたシーンには厳格なルールがあり、それをファストファッションの服は満たしてくれないからです。

わかりやすい例で言えば、結婚式。格式高いホテルで行われる結婚式で、「招待する側」は――新郎新婦はもちろんのこと、そのご親族も、家紋が入った留袖やタキシードを着用されています。お祝いする側も、それに合わせるのが筋でしょう。絹で仕立てられた留袖にフィットするものは、ファストファッションではなかなか見つけられないのです。

招待された際に着る素材は、本来下着で使用されているジャージーではなく、シルクが良いでしょう。コットンやリネンは普段着なので、もちろんNGです。

ある程度年齢がいくと、結婚式に招待される機会も減ってくるので、その場合はレンタルサービスを利用しても良いと思います。いずれにせよ、シーンや場所、いる人の服装をイメージするのはとても大切。着る機会が少なくてもったいないからと、安易に安いもので済ませてはいけないのです。

仕事服も同じです。しっかりとした肩書があり、キャリアも重ねたような人がファストファッションで仕事服を揃えているというのは——そんな話はよく耳にはしますが——とてももったいないことです。

もったいないというのは、本来服に表れるべきである、その人の知性や信頼感、誠実さがなかなか出づらいため、着ている服で損をしているということです。化繊が100パーセントの服は、扱いやすくはありますが、「厚み」という意味でもの足りなかったり、何より色が浅く出てしまいます。仕立ての良いウールのスーツ姿の男性の間では、その浅さは、そのまま「印象の弱さ」や「存在の軽さ」に直結してしまいます。

グレーやネイビーを選ぶならウール。黒ならシルクかカシミヤ。白ならコットンというように、素材が出す色の深さや重みを理解することが大切です。

素材を選択することは、プライスを選ぶということ。少しの汚れでも悪い印象につながってしまうからこそ、ジャケットの下に着るからひと夏着倒して終わりでいい、と思っているようなインナーのブラウスは、5000円以下でも良いと思います。仮に6月から9月までの4か月しか着ないのであれば、1か月1000円強を投資していることになります。

逆に、かなりフォーマルな仕事の場面で着るスーツは、それなりのプライスを投資したいもの。ラペル（襟）が小さく、ボタンが上質でウエストが少しシェイプされている、「超ベーシックな」テーラードジャケットは、5年は着られます。サマーウールのような素材であれば、比較的長い季節の間、活躍してくれるでしょう。

合わせるボトムスは、適度にフィットする膝下15センチのタイトスカートか、控えめにタックが入ったスリムストレートのパンツのどちらか。セットアップで揃えておくと便利です。

「5年着ること」を考えて、着る季節、着る頻度、着る年月を逆算すると、投資として使って良い正しい価格が出てきます。

たとえば、前述したようなスーツの場合を考えてみましょう。1年のうち、6～9月の暑い時期をのぞいた8か月間。着るのは1週間に一度。そして5年着続けるとしましょう。

1回たとえば1000円を投資したとすると、ひと月に4000円（1000円×4回）。1年のうち8か月の間活用するので、3万2000円（4000円

×8か月)。さらに5年間着続けると、16万円(3万2000円×5年)を、スーツにかけられることになります。

逆にファストファッションで揃えたスーツは、1か月に投資できる金額がコーヒー代の半分以下——なんてことにも。

あくまで一例なので、ご自分の仕事のスタイルとサイクルを考えて、適正な価格を逆算してみることをおすすめします。

Rule 41

「待つこと」の贅沢を楽しむ

とあるラグジュアリーブランドのスカーフは、完成するのに2年かかるそうです。緻密《ちみつ》な図案を考え、丁寧に色出しをし、素材に色をのせ、そして端を手縫いで一点一点仕上げていく。この工程が、さまざまなプロフェッショナルの手で進められていくのです。その上質さ、カラリングの美しさに加え、2年という時間を待つ行為が、そのスカーフの本質でありラグジュアリーの価値なのだと思います。

以前、別のトップメゾンの社長とお話しする機会がありましたが、彼女も同じようなことを話していました。

「ネットでオーダーすると、即日、もしくは次の日に欲しいものが届くような現代に、1つのバッグを何年かかるかわからない中で待ち続けることは、これからの時代ありえるのでしょうか」

この私の質問に対して、彼女はこう言いました。

「もしかしたら、お客様は減るかもしれません。けれど、1つの本物を作るのには、それだけの時間がかかるのです。私たちは〝待つ〟という時間の意味を伝え続けるしかありません」

別の観点からも、待つことの楽しさは存在します。

「買う」という行為が、以前よりももっともっとハードルが低くなったことで、ブランド物のバッグも、一流のジュエラーのリングも、職人技による靴だって、お金さえあれば、すぐに「買える」ようになりました。

たとえお金を持っていても、今の自分にはまだまだ似合わないから、そのときが来るまで待っていよう――などという、究極の贅沢は存在しなくなってしまうのかもしれません。

手に入るまでの時間を慈しみながら待つ、そして、未来の自分を夢見ながらあえて、眺めるだけにして、いつか来るタイミングを待つ。2つの「待つ」ことの価値を、今だからこそ考えたいものです。

Rule

42

「較べないこと」が最上のおしゃれ

あの人が持っているバッグが欲しい。

あんなふうに恵まれた体形を手に入れたい――。

というように、「較《くら》べる」ことは、おしゃれをめぐる日本人の価値観に、まだまだ根強く存在しています。

所有していないことの恐怖心をあおり、美しさの基準を決めつけることで、それから外れることを良しとしない。もしかすると、私自身が長年関わっているメディアの罪過もあるのかもしれません。

この「較べる」「うらやましがる」ことをやめると、実はぐんとおしゃれが進みます。

かくいう私も、随分と人と比較してきました。そんなときは持っているものすべてが気に入らなくて、おしゃれをすることに、あまり楽しみを見出せていなかったように思います。

それを変えてくれたのは、27歳で訪れたキューバの風景でした。たまたま友人に連れて行かれてサルサダンスを体験し、その魅力にどっぷりハマってしまったのです。ついには勤めていた出版社を辞め、本場のサルサを学ぶために、半年間キューバをはじめとしたさまざまな国を訪れました。

初めて足を踏み入れた南米の地は、とても刺激にあふれていました。決して裕福な国ではないので、みんな質のいい服を着ているというわけではありません。日本では見られないくらい、かなり大きなサイズの人も珍しくありません。けれど、女性は女であることを心から楽しみ、自分だけのコーディネートを満喫し、誰と較べるわけでもなく、自信に満ちあふれていました。

私はその様子に、おしゃれが人の心をどのように豊かにしうるのか、答えを見出したような気がしました。

でも、人との比較をやめることは、頭で考えるほど簡単なことではありません。なかなか較べるのをやめられないという人は、少し〝情報断ち〟をしても良いかもしれません。雑誌やSNSなど、情報の波からしばし離れるのです。

その間に向き合うのは、自分です。

髪の色や質感、肌の色や体形。そしてクローゼットにあるワードローブだけを見つめるのです。

置かれた状況も持っている素材も服もまったく違う他人に、自分のおしゃれを預けないこと。そう意識することから、これからのおしゃれを始めてみてください。

Rule 43

「服を買わないこと」で見えるもの

自他共に認めるおしゃれ好き。さまざまな服を経験するという仕事のため、そして自分自身の楽しみのため、相当の服を買います。もちろん無駄もありますが、「着る」というだけの立場ではなく、「伝える」という自分の役割もあるため、必要なものと割り切っています。

けれどもそんな私でも、これまでに二度、「服を買わない」時期がありました。

1回目が、末っ子を妊娠したとき。つまり三度目の妊婦生活です。これまでの妊娠で揃えたアイテムもありましたが、日々変わる自分の体形に必要な服は、それぞれの子どもの出産のタイミング＝季節で変わります。

3回目ということもあり、自分なりにノウハウが身についていたのでしょう。

そして、「妊婦さんのための服」は、着る期間がかなり限られるうえ、あまり気持ちがウキウキしないため、マタニティは新調しないことに決めました。

出産予定が9月だったため、お腹《なか》が大きくなる臨月期は、ちょうど厳しい真夏に当たりました。手持ちのマキシ丈のワンピースや、オーバーシャツにレギンスといったスタイリングでお腹をカバー。さらに出産後の授乳期には前開きのシャツを多用して、ふだん使いの服で乗り切りました。

この経験が、リゾートのおしゃれや、シャツの着こなしの上達につながった気がします。

2回目は、40代で訪れた二度目の「おしゃれの迷子」時期。一度目は初めてのことにパニックになり、ベクトルの異なる数多くの服を買って、そのほとんどが似合わずにがっかりするということを繰り返していたので、冷静になれたのでしょう。このときは2か月間、1枚も新しい服を買わずに過ごしました。

その代わりにしたことは、自分で自分に課題を出すこと。

たとえば、同じデニムを穿いて、撮影にもパーティにも行ってみるとか、お気に入りのニットを周りの人から「あれ？　また同じ服？」などと気づかれないよう、週に3回コーディネートしてみるとか。そう、限られた服を効率良く着回したくて、オリジナルのスタイリングノートをつけていた高校生の頃を懐かしく思い出しながら。

「おしゃれ迷子」を脱するまでの短い期間ではあったけれど、そのときの経験は、クローゼットの隅々まで把握すること、必要なものとそうでないものを感覚的につかむことに、つながった気がします。

いっときであれ「おしゃれの断食」を体験したことで、頭はさえざえとし、欲しいものが明確になり、おしゃれという美食の楽しみ方をもう一度心から理解することができたのです。

「服を買わない」という、おしゃれの断食。

飽食を感じたときにはぜひおすすめです。

Rule 44

止まらない。変わり続けること

服は、私たちの内面や考えや、女性観を映す「器」でもあります。私たち自身が成長し、変化し続けていくのに、その「器」が変わらないと、「内面と外見」のミスマッチが起こってしまいます。

どうやって変えたら良いのか？　そしてそれは、どんなタイミングなのか？

答えは、「できるだけ、自分に敏感であること」しかありません。

たとえば、愛用しているチャコールグレーの、ウールのニットを着ると、顔がくすんで見える。顔が暗く見える。そんなときは、「今の自分」と素材や色が合っていないということです。

まず、チャコールグレーの明度を上げ、しかもソリッド（単色）に替えたらどうなるでしょう。杢のグレーは、かなりカジュアルなため、年齢を重ねると、くたびれ、疲れているように見えてしまうこともあります。

そして、口紅の色もチェンジ。ナチュラルなベージュの口紅ではグレーを使いこなせないなら、こっくりとしたベリー色や、深い赤を差してみましょう。

こうして外見を変えていくことで、もしかしたら、自分の内面の小さな成長にも気がつくかもしれません。

いつの間にか、「可愛い」より「格好いい」と言われるほうが、気持ちにしっくりくるようになった。好きなセレブリティが、あの人からあの人に替わった――など、今までの自分と明らかに違う外見に気づいたとき、それは、内面も含めて1つ階段を上ったということです。

変化することは決して怖いことではなく、嬉しく喜ばしいこと。

同じ外見＝器に固執する必要はありません。自分の変化に常に繊細であること、今の自分を慈しむこと。そうして、内面も外見も常にアップデートしていくことが大切です。

Rule 45

「美しさ」や「おしゃれのピーク」はできるだけ後に持っていく

医療の進歩や、栄養状態の改善から、平均寿命が少しずつ延び続けています。ある説によると、現在7歳の子どもの50パーセントが、将来108歳まで生きるそうです。私も過去の著書の中で、「おしゃれも美しさも、キャリアだって、60歳がピークであれば良い」と書いてきましたが、今となっては20年ほど先延ばしにしようかな、なんて思っています。

というのは冗談にしても、さまざまなことの「自分史上最高」は、できるだけ先にとっておきましょう。

あるとき、高校に通う長女が私に言いました。

「○○ちゃんは、可愛くておしゃれで……。ああいう子はモテるよね～」

私にも経験があります。ホルモンのバランスが崩れ、肌が荒れたり、もしくは少し太ったり。美しさがまだ安定しない高校生たちの中で、奇跡のようにキラキラ光っている子はいるものです。

思春期に特有のそうした自我の芽生えは、それはそれで素晴らしく、宝物として大切にしてほしいのですが、ほとんどの子は集合写真でも、顔が未完成でぼんやりしています。もちろん、私もそうでした。

何となく、納得できないような顔をしている娘に言いました。

「美しさやおしゃれのピークは、できるだけ人生の後半に持っていきなさい。40代くらいで、自分の美しさを自分で誇れたら最高だよ」と。

よく理解できないような顔をしながら長女は、

「先すぎるね」

と、ぷっと噴き出して言いました。

いいんです。想像を超えるくらい先にある目標なら、日々できることだけやり続け、そして少しずつ上達できます。

服は毎日着るし、メイクもほとんど毎日するでしょう。おしゃれもメイクアップも、コツコツと誠実に経験していれば、年齢を重ねるほどに絶対にうまくなるはずです。

一足飛びにうまくなる必要もない代わりに、程度の差はあれ、決してあきらめないことです。人生をしっかりとした足取りで歩くことも、おしゃれも。そして美しくなることも——。特別な人に与えられた、特別なことではありません。

Rule 46
20代はトライ&エラー、30代で地固めを

人生には、たくさんの分岐点があります。おしゃれも同じ。そのときどきの、置かれた状況でかけられる予算を駆使し、自分という素材を、「楽しんだり」「悩んだり」「答えをつかみかけたり」「また迷子になったり」するものです。決して20代や30代のままの自分や、おしゃれのスタイルに固執しないこと。変わりゆく自分を客観的に眺め、服はそれを包むものである、と折に触れ自覚するのです。

人生を俯瞰すると、年代別にこんなことが言えるのではないか。最後に私なりの考えを書いてみます。

まず、20代はトライ&エラーの時期です。働き始めて何年か経ち、自分のお金

でファッションを謳歌できるようになります。

同時に、学生の頃はノールールの着こなしでやり通せたけれど、社会人になると、着る服にもその自覚が求められることもあるでしょう。そしてこの時期は、生物学的には「より優秀なパートナーを探す」タイミング。そのための服やメイク、小物も必要でしょう。

つまり、「着たい服」「求められる服」、そして「好かれるための服」の3パターンを、限られた予算の中でこなさなくてはならなくなるのです。

当然、そこには挑戦と失敗が混在します。この年代のうちに、思い出すと顔が赤らむような恥ずかしい思いや、みっともない経験をたくさんしておくことが大切なのです。

言い換えると、この時期に試行錯誤をしないで、いつそれをするのでしょうか。多くのことを実地で学び、そしてそれは、必ず「意味」や「意義」となり、今後のおしゃれを支えてくれるでしょう。

何度も言っていることですが、答えを急いで出そうとしないことです。

30代では、いくつもの選択を迫られることが多くなります。

仕事においては、新人時代を抜けて次のステージに入り、結婚や出産を選ぶ人もいるでしょう。好きなものや好きな人の傾向がまとまってきて、「自分のスタイル」がぼんやりとわかり始めるときです。

この期間は、土台を作るべき時間。似合うベーシックカラーは何色なのか、スカートとパンツなら、どちらのほうが似合うのか。もしかしたら、お気に入りのブランドやショップも限られてくるかもしれません。

同時に、ライフスタイルの変化で「あきらめるもの」が出てくるでしょう。たとえば、妊娠中や育児に追われる期間は、おしゃれどころではないかもしれません。

ここで作る土台は、家作りでいうと「基礎工事」にあたります。地味で面白みがないかもしれませんが、しっかり向き合うことが大事なのです。

Rule 47

見直しの40代の送り方

そして40代に入ると、また迷いや悩みの影がつきまといます。自分が変化したからです。

誰にでも訪れる大きな変化、「加齢」です。

加齢は悪いことでも恥じることでもありませんが、上手に「対応する」ことは必要です。あごのラインが甘くなり、首に筋が入り、デコルテは削げ、バストは下がります。そして肩先は丸く、背中にはうっすらとぜい肉が乗り始めます。

こう書くと、若い世代の読者の方は怖いことのように感じるかもしれません。でも、あくまでも変化。もしかしたら「進化」なのかもしれないですね。

まずは、変わったことを認めること。そしてワードローブを見直して、次のステージに入る準備をするのみです。

30代で見つけたベーシックカラーは、本当に今の自分にもフィットするのか、デニムのラインは正しいか――などと振り返る作業は、もしかしたら人生の後半戦をより楽しく過ごすための「生き方の作業」にもつながるかもしれません。

30代でベーシックを手に入れた安心感もあるので、トンネルに入ったような不安な時期もあるかもしれませんが、必ず出口はあります。何か月間で終わる人もいれば、抜け出すのに何年もかかる人もいる。人によって違うと思いますが、焦ることなく、長い人生の「ほんのいっとき」と、ゆったりと鷹揚に構えることが大切です。

ただし、1つだけ言わせてください。絶対にあきらめないことです。

踊り場で足踏みをするようなもどかしさを感じるかもしれませんが、おしゃれをすること、美しくあることを、あくまで「自分基準」で進めなければなりません。

このトンネルで先の道を見失ったときに、おしゃれや美しさ――言い換えると、女の舞台を降りるか降りないかの選択を無意識にしている、ということを忘れないようにしたいものです。

Rule 48

50代で遊んで、60代からそぎ落とす

アップダウンの激しい道を歩くような40代を終えたら、次にくる50代は、ワクワクすることを素直に楽しみましょう。お子さんがいる方は、そろそろ自立して自分の手を離れ、続けてきた仕事は熟練の域に入るでしょう。苦しいときもあったからこその「JOY」が待っているはずです。

好きな色や好きな素材、そしてデザインは、もうまるで「私の一部」のように自分に寄り添い、「似合う」「素敵」という褒め言葉を、たくさんもらうでしょう。あ、もちろん40代をギブアップせずに過ごした人だけですが。

色鮮やかな経験を積んだ50代は、きっと神様からの贈り物と言えるような、華やかなものなんだろうな、と私も今から楽しみにしています。

そして60代に入ったら、やっといろんなものがそぎ落としていかれるでしょう。増え続けたジャケットやコート、ワンピースやブラウス、バッグや靴が、今後の人生に必要かそうでないかを、シビアに、そして注意深く決断していくのです。より、似合うもの、そうでないものがはっきりしてくるからこそ、きっとそのチョイスは、以前のように難しいものではないはずです。

洗いざらしのデニムと上質なカシミヤのニット、リネンのオーバーシャツに、アルパカのラップコートなど。自分が心地よいと思えるアイテムだけを小さなクローゼットにしまって、大事にしていくでしょう。

今まで服にかけてきたお金を、思う存分肌や髪や爪に使うのも良いかな、と思います。

そんなふうに、最小限のワードローブで自分に向き合うことの、なんて贅沢で豊かなことか！　そんな60代、さらにその後のますます美しい年代を、こんなふうに迎えたいな、と思います。

おわりに

「毎朝1分で服を選べる人」になるということ

さまざまな方法で、朝のコーディネートのストレスを減らし、そしてその日の気分や天気、予定にぴたりと合ったおしゃれを、一瞬のうちに決める方法を書いてきました。1分で服を選べる人になる、ということは、すなわち、クローゼットを整理することであり、自分の社会人としての立ち位置を理解することであり、生き方をクリアにすることです。結果そういうことである、ということに気づいたのは、この本でもさまざまな方向から書いてきた「おしゃれに迷う時期」を体験したからだと思います。

おしゃれに迷うときは、まだ自分であることに、生き方に迷っているとき。

おしゃれ。生き方。どちらが先でも良いと思います。整える、のです。不要なものと必要なものを決定し、自分自身を客観的に見つめ、人と比べずに自分基準を確かにする。もしかしたら、クローゼットの中のカオスを整理整頓することで、「今後の自分」が明らかになるかもしれません。

おしゃれ、今の自分、今後のビジョン――この3つの間に、まっすぐなシナプスが通ったら、「毎朝1分」が実現しているはずです。もちろん、厳密に1分でなくて良いのです。ストレスなく、時間をかけず、そしてとびきりのコーディネートができるようになったら……。たとえば、今まで服選びにかけていた20分は、いろいろなことに使えます。帰宅後、嫌な思いをしないように、玄関の靴をさっと揃えることもできるし、ゆっくりと朝食をとることもできます。そう、その日着る服を決める時間を節約したことで、毎日は、もっと豊かに楽になるのです。

この本は、編集者、スタイリストとして22年のキャリアを積み、かつ、「着手《きて》」として、40年以上服を着てきた私が、数年の「おしゃれの迷子」を経験し、たどり着いた結論とセオリーです。実は、私にとって12冊目の本。書き終わるのに、最も時間がかかった1冊です。

オファーをいただいたときに、すべては見えていなかった「毎朝1分で服を選べる」コツが、書くということで、みるみるクリアになってきた、という、とてもプレシャスな経験をさせてくれた本でした。

最後まで読んでくださったみなさま。本当にありがとうございました。

おしゃれがもっと楽しくなりますように――。

2018年1月

大草　直子

知恵の森
KOBUNSHA

毎朝《まいあさ》1分《ぷん》で服《ふく》を選《えら》べる人《ひと》になる48のルール

著　者――大草直子（おおくさ なおこ）

2022年　8月20日　初版1刷発行

発行者――鈴木広和
組　版――萩原印刷
印刷所――萩原印刷
製本所――ナショナル製本
発行所――株式会社光文社
東京都文京区音羽1-16-6 〒112-8011
電　話――編集部(03)5395-8282
書籍販売部(03)5395-8116
業務部(03)5395-8125
メール――chie@kobunsha.com

ISBN978-4-334-78806-3　Printed in Japan

78691-5
tな7-1

中塩《なかしお》智《ち》恵《え》子《こ》

文庫書下ろし
風俗嬢という生き方

風俗業界の黄金期とも言える2000年前後、影をひそめた2005年前後、そして今。容赦なく移りゆく時代の中で、風俗嬢という職業を選んだ女性たちのライフヒストリー。

726円

78669-4
tな5-1

中野《なかの》　京子《きょうこ》

愛と裏切りの作曲家たち

名作誕生の過程には作品に負けない事件が隠されている。『カルメン』『蝶々夫人』ほか名作オペラと、作曲家の壮絶な生涯が同時に楽しめる一冊！　『かくも罪深きオペラ』改題。

704円

78679-3
tの4-1

野崎《のざき》　洋光《ひろみつ》

体が喜ぶ二十四節気の料理帖

二十四節気を通じて、旬の食材、日本の食文化などを、和食の第一人者が徹底的に解説。より美味しく食べるためのコツとレシピ付き。『和食育　二十四節気』改題。

814円

78790-5
cの4-3

野田《のだ》　隆《たかし》

ニッポンの「ざんねん」な鉄道

安全で清潔、時間も正確な日本の鉄道だが、利用者・旅行者目線で見ると、物足りない部分が目に付いてしまう。そんな鉄道好きであるからこその「ざんねん」を〝鉄分たっぷり〟に綴る。

990円

78643-4
tは3-1

朴《パク》　慶南《キョンナム》

私たちは幸せになるために生まれてきた

松本サリン事件の被害者・河野義行さんとの交流、全盲の画家との出会い、著者の父が祖国の地を踏むまでの七十数年など、20のエッセイを収録。心にほんわか、明りを灯します。

858円

78726-4
tは5-1

林《はやし》　貞年《さだとし》

誰でもできる
催眠術の教科書

超能力とは違い、催眠術は科学に基づいた心理誘導技術であり、究極のコミュニケーション術。催眠術のかけ方から解き方まで、詳しく解説。『誰でもすぐできる　催眠術の教科書』改題。

748円

78634-2
tは2-1

ピーター・バラカン
若月《わかつき》 眞人《まさと》 構成・文

ピーター・バラカンのわが青春のサウンドトラック

六〇年代から七〇年代、まさにロックが黄金時代を迎えたロンドンで青春を過ごした著者。その強烈な音楽体験を、名曲の聞きどころとともに語りつくす。愛聴盤ガイド付き。

726円

78522-2
tふ2-1

ベティ・L・ハラガン
福沢《ふくざわ》 恵子《けいこ》
水野谷《みずのや》 悦子《えつこ》 共訳

誰も教えてくれなかった女性の働き方

ビジネス・ゲーム

ビジネスをゲームと定義し、仕事のこなし方、お金、人間関係ほか、企業社会での秘訣を伝える。全米で100万部のベストセラーとなった「働く女性のためのバイブル」。（解説・勝間和代）

770円

78560-4
tひ2-1

マーク・ピーターセン

日本人が誤解する英語

「日本人英語」と長年つきあってきた著者が、ネイティブの立場から、日本人が陥りがちな英文法の誤解と罠、そして脱却方法を懇切丁寧に解説。『マーク・ピーターセン英語塾』改題。

796円

78521-5
tひ1-1

ビートたけし
村上《むらかみ》 隆《たかし》

ツーアート

「アートは『ゲーム』だ」村上隆。「オネーチャンを口説いてるようなもん」ビートたけし。日本よりも海外での評価が高い2人の天才アーティストが語り合った世界に通じる「芸術論」！

713円

78720-2
tひ6-1

広田千悦子《ひろたちえこ》

くらしを楽しむ七十二候

日本の四季には七十二もの季節、すなわち「七十二候」があります…その七十二候のうつろいに寄り添いながら、豊かな季節の「行事」や「旬」を楽しむ〝くらしの歳時記〟。

682円

78796-7
tふ7-1

藤井《ふじい》 伸二《しんじ》

タイからはじめるバックパッカー入門

文庫書下ろし

様々な制限のもと自由になれなかった時間は終わりにし、バックパックを担ぎ旅に出よう！タイ在住の著者ならではの、気ままな旅が楽しめる〝東南アジア〟のめぐり方を案内する。

968円

78718-9
tふ5-1

布施《ふせ》 英利《ひでと》
TYM344 画

わかりたい！ 現代アート

キーワードは「モダン」と「ポップ」のたった二つ。わからないから面白い、現代アートについて、アーティストの生年順に作品を紹介しながら、その魅力や背景を概観する。

770円

78767-7
tふ6-1

古川《ふるかわ》 浩司《こうじ》 監修
造事務所 編

文庫書下ろし

「国境」で読み解く日本史

明治維新前後でどう国の形が決まったのか。尖閣諸島・北方領土・竹島の問題はなぜこんなに複雑なのか。戦争や外交を通じて日本の領土はどう変わったのか。歴史を遡ればよくわかる！

814円

78594-9
tふ4-1

古川《ふるかわ》 修《よしみ》

ああ、「江戸前」の幸せ

蕎麦屋酒

蕎麦屋の醍醐味は蕎麦と酒と酒肴のハーモニーにあり―蕎麦と酒に関する豊富な知識と愛を基に究極の大人の愉しみを紹介。老舗から新店まで五感で選んだ蕎麦屋ガイド付き。

748円

78664-9
tふ4-2

古川 修

熟成と燗で飲《や》る本物の酒

世界一旨い日本酒

「純米無濾過生原酒」を常温熟成させて燗で飲む。今や多くの日本酒好きが実践する味わい方を、いち早く提唱した画期的な書。お勧めの銘柄40酒、居酒屋&蕎麦屋１４０軒も掲載。

726円

78485-0
tほ2-1

宝彩《ほうさい》 有菜《ありな》

文庫書下ろし

15分でできるココロとアタマのストレッチ

始めよう。瞑想

瞑想は宗教ではなく心の科学である。上達のコツは黙考するのではなく、無心になること。心のメンテナンスから、脳力アップまで驚くべき効果を発揮できる。

649円

78590-1
tほ2-2

宝彩 有菜

文庫書下ろし

心に青空が広がる

楽しもう。瞑想

瞑想の修養が進むと、愛と喜びに溢れた自分を取り戻すことができる…。「無心」になる具体的なコツや、怒りや欲に振り回されない心得も解説。大好評『始めよう。瞑想』姉妹編。

638円

78589-5
tほ3-1

保坂《ほさか》　俊司《しゅんじ》　監修

図解とあらすじでよくわかる
「聖書」入門

文庫書下ろし

そもそも「新約」「旧約」は何が違うのか。「バベルの塔」や「ノアの箱舟」はどんな物語だったのか。常識として知っておきたい聖書のキーワードを、わかりやすく解説する。

814円

78329-7
bま4-1

益田《ますだ》　ミリ

お母さんという女

文庫書下ろし

◎写真を撮れば必ず斜めに構える◎小さい鞄の中には予備のビニールの手提げが入っている。身近にいるのに、よく分からない母親の、微妙にずれている言動を愛情深く分析。

586円

78409-6
bま4-2

益田　ミリ

女湯のできごと

文庫書下ろし

「家にお風呂があったらいいのになぁ。いつもそう思っていたけれど、お風呂がなかったからこそ見えた世界もあった」（「あとがき」より）。しみじみイラスト・エッセイ集。

586円

78482-9
bま4-3

益田　ミリ

大阪人の胸のうち

文庫書下ろし

「誰かアホな奴が飛び込まへんかな〜」の期待に応えて道頓堀川に飛び込んでしまう大阪人。上京して十数年、大阪出身の著者だからこそわかる大阪人の胸のうちとは？

586円

78346-4
bま6-1

町田《まちだ》　貞子《ていこ》

娘に伝えたいこと

本当の幸せを知ってもらうために

どうして家事を面倒だと考えてしまうのですか？　家族が一緒に食卓を囲まなくてよいのでしょうか？　温かいおばあちゃんのまなざしで語りかける。幸せとは何かがわかる本。

607円

78701-1
tま3-2

松生《まついけ》　恒夫《つねお》

「排便力」をつけて便秘を治す本

専門医のアドバイスで「健康な腸」を取り戻そう

便秘薬に頼りすぎるのは危険!?　消化器系の専門医で「便秘外来」のさきがけでもある著者が、腸の健康を取り戻すための食事法や、正しい薬との付き合い方を丁寧に解説する。

704円

72867-0
bま1-1

松尾《まつお》スズキ

子供に生まれてスミマセン

大人失格

「『私は大人だ』今、この日本でいったい何人の大人が、そう胸をはって言い切ることができるだろう」（本文より）。松尾スズキ、初期エッセイの大傑作。（解説・山本直樹）

594円

78668-7
tま2-1

丸田《まるた》 勲《いさお》

モノの値段で知る江戸の暮らし

江戸の卵は一個四〇〇円！

大工の年収318万円、将軍の小遣い19億円…。江戸の物価を現在の円に換算すれば、江戸の暮らしがもっと身近に感じられる。時代劇や時代小説がもっと面白くなる一冊。

682円

78703-5
tみ4-1

水島《みずしま》 広子《ひろこ》

自分らしくのびのび生きるヒント

「他人の目」が気になる人へ

「やせなければ美しくなれない」など、現代人が最も気にする「他人の目が引き起こす〝プチ・トラウマ〟の正体」と、その克服法を語る。『「見た目」が気になる！症候群』改題。

770円

78768-4
tみ4-2

水島 広子

ひとりがラクになるヒント

続「他人の目」が気になる人へ

「ありのままの自分」と「つながる」ことで「ひとり」の不安の軽減は可能。よりよい人生に向け「ひとり」の不安を手放そう。『「孤独力」で〝ひとりがつらい〟が楽になる』改題。

770円

78764-6
tみ5-5

溝口《みぞぐち》 敦《あつし》

グレービジネスでボロ儲けする人々

闇経済の怪物たち

グレービジネスは隙間産業であり、消費者の欲望と需要に応えるサービスや物材を提供してシノギとする。法律スレスレの世界で、荒稼ぎする企業家たちを、極道取材の第一人者が描く。

792円

78689-2
tみ3-1

光瀬《みつせ》 憲子《のりこ》

台北&郊外のグルメタウンから、高雄まで

美味しい台湾 食べ歩きの達人

文庫書下ろし

台湾に長年暮らした著者による、最新のグルメ案内。首都・台北を始め、隠れたグルメタウン板橋や三重も。ガイドブックには載っていない、ディープで旨い地元食堂が満載！

748円